农业保险对农产品供给安全的影响研究

张林凤　丁希祥〇著

西南财经大学出版社
Southwestern University of Finance & Economics Press
中国·成都

图书在版编目(CIP)数据

农业保险对农产品供给安全的影响研究/张林凤,丁希祥著.—成都:
西南财经大学出版社,2024.5
ISBN 978-7-5504-6134-5

Ⅰ.①农… Ⅱ.①张…②丁… Ⅲ.①农业保险—影响—农产品—
质量管理—安全管理—研究—中国 Ⅳ.①F842.66②F326.5

中国国家版本馆 CIP 数据核字(2024)第 051260 号

农业保险对农产品供给安全的影响研究
NONGYE BAOXIAN DUI NONGCHANPIN GONGJI ANQUAN DE YINGXIANG YANJIU

张林凤　丁希祥　著

责任编辑:陈子豪
责任校对:李思嘉
封面设计:何东琳设计工作室
责任印制:朱曼丽

出版发行	西南财经大学出版社(四川省成都市光华村街55号)
网　　址	http://cbs.swufe.edu.cn
电子邮件	bookcj@swufe.edu.cn
邮政编码	610074
电　　话	028-87353785
照　　排	四川胜翔数码印务设计有限公司
印　　刷	四川五洲彩印有限责任公司
成品尺寸	148 mm×210 mm
印　　张	5.5
字　　数	107 千字
版　　次	2024 年 5 月第 1 版
印　　次	2024 年 5 月第 1 次印刷
书　　号	ISBN 978-7-5504-6134-5
定　　价	36.80 元

前言

　　农业是关系国计民生的重要产业，不仅能为民众提供必需的生活资料，也能为工业提供必要的生产资料。因此，世界各国尤其是发达国家十分重视农业发展。促进农业发展一直以来都是中国的重要国策之一。2022年12月，习近平总书记在中央农村工作会议上提出：要加快建设农业强国，推进农业农村现代化。党的二十大在擘画全面建成社会主义现代化强国宏伟蓝图时，对农业农村工作进行了总体部署，概括地讲：未来5年"三农"工作要全面推进乡村振兴，到2035年基本实现农业现代化，到本世纪中叶建成农业强国。这是党中央着眼全面建成社会主义现代化强国所做出的战略部署。强国必先强农，农强方能国强。没有农业强国就没有现代化强国；没有农业农村现代化，社会主义现代化就是不全面的。我们必须深刻领会党中央这一战略部署，把加快建设农业强国摆上建设社会主义现代化强国的重要位置。正因为如此，深入研究农业问题是政府所急、百姓所盼。

农业在生产经营活动中面临自然、经济和社会等诸多风险。当自然风险发生时，各国的应对措施十分有限，农业保险作为事后风险管理措施显得十分重要。由于农业风险的特殊性以及农业保险投保和理赔困难，商业性农业保险实施的难度特别大，所以农业保险的运营需要政府财政补贴来提高参保率，以实现政府的政策目标。这正是政策性农业保险所要承担的责任。政策性农业保险的保费补贴在世界贸易组织（WTO）农业贸易规则——"绿箱"政策允许的范围之内，也符合"不可申诉性补贴"规则。自加入WTO以后，中国农业开放水平不断提高，但农产品贸易长期处于逆差状态。因此，政策性农业保险对农产品出口贸易的影响到底如何，值得深入研究。从影响机理来看，农业生产是农产品出口贸易的基础，农产品出口贸易是农业生产的延伸。政策性农业保险是一项支农惠农政策，能从三个方面提高农业生产，促进农产品出口贸易。一是通过分散农业风险，增加获得农业保险保费补贴的农产品产量；二是通过改变农民生产决策，增加农产品产量；三是政策性农业保险的保费补贴属于政策性生产补贴范畴，能稳定农产品价格，从而有利于农产品出口贸易的增长。

关于农业保险对农产品供给安全问题的研究，国内外专家注意到了农产品的供给安全受到农地流转风险、自然风险等诸多影响因素。遗憾的是，已有研究多局限于对农业保险功能视角下农产品供给安全问题的实证研究，系统分析不足，能够转化为切实的土地流转风险控制和保障粮食安全管理制度的研究更是凤毛麟角。整体而论，学术界关于农业保险和粮食安全问题及风险管理的研究主要集中在农产品供给安全、农业保险与粮食安全、农业保险保障、粮食安全与农业保险等方面，大部分的文献局限于描述分析和定性分析。其中，关于农业保险和农产品供给安全方面的研究比较多，关于农业保险对农产品供给安全的影响方面的研究比较少。因此，本书着重从农业保险对农产品供给安全的影响方面进行研究，以解决这一紧迫问题。全书分为六章。第一章基于国内外专家对农业风险的定义、类型、特点、可保性的研究基础，分析了农业保险的定义、特点、种类以及经营模式；第二章对农业保险发展现状进行分析，指出农业保险存在的问题，并就这些问题提出解决办法。第三章首先研究了农产品供给安全的重要意义，其次对农产品的供给安全现状进行分析，接着对农产品供给安全中存在的问题进行分析，最后就农产品供给安全中存在的问题提出解决建议。第四章首先分析了农产品供给安全的影响因素，对这些影响因素进行具体分析，然后重点分析了农业保险对农产品供给安全的作用。第五章以河南省驻马店市泌阳县的小麦种植为例，分析农业保险是如何助力保障农产品供给安全的。第六章是对本书的总结。

　　本书写作分工如下：前言、第一至第三章由张林凤撰写，第四至第六章、参考文献及附录由丁希祥撰写及整理。在此还要感谢重庆人文科技学院工商学院领导的大力支持。

　　笔者学识浅薄，水平有限，书中难免有不当之处，恳请学界和业界前辈、同仁斧正，并真诚地欢迎读者提出宝贵的意见。

张林凤

2024 年 3 月

目录

第一章

农业风险与保险相关理论

第一节　农业风险

一、农业风险的概念

目前，学界关于风险还没有一个适用于各个领域的统一定义。正如美国经济学家 Siglitz 所描述的："风险如爱一样，我们都明白它是什么，却无法给它一个明确的定义。"一般而言，不同学者根据研究的需要对风险有不同的理解。Allan. H. Willett 将风险描述如下："风险就是关于不愿意发生的事件发生的不确定性之客观体现。"其后，芝加哥经济学教授 Fank Heyneman Knight（1921）将风险定义为"可测定的不确定性"。国内学者普遍认同孙祁祥的观点："风险是一种客观存在的、损失发生具有不确定性的状态。"

学者对风险的定义各有不同，但基本都认同风险应包含两个基本要素：不确定性和损失。国内外经济学文献对风险（risk）内涵的界定多表示不利事件发生的可能性，所以为了符合风险管理和保险学的习惯，本书将"风险"定义为："一项经济活动发生某种损失的不确定性。"同理，本书将"农业风险"定义为："人类在农业生产经营过程中由于自然、社会或其他不利因素使人类的财产损失、造成人身伤亡或其他经济损失等风险损失的不确定性。"而风险发生破坏作用所借助的具体载体称为风险事故或灾害事故。载体不同，事故的表现形式就不同，因此，灾害就出现了很多种类，比如：火灾、风灾、水灾等。需要指出的是，在经济学上"风险"和"不确定性"经常可以交替使用。不确定性是主观上的可能性，而风险是客观上的可能性，前者表示一种可能的心境，而后者则表示一种可能的环境。另外，"风险"和"灾害"二者也有区别，通常风险指损失的可能性，而有学者则将灾害称为：凡是能导致人类社会财富和人员伤亡的各种自然、社会因素。因此，前者强调财产容易受到损失，后者是侧重造成损失的因素。这些定义在现代保险文献中并未严格加以区分，加之在保险的实际应用中，明确界定两对概念区别的实践意义不大，所以，在本书中将不对上述概念加以严格区分。

二、农业风险的类型

一般而言，农业风险根据风险成因、性质、生产对象和农业收入的构成的不同可以划分为不同类型。

（一）按照农业风险的性质划分

按农业风险的不同性质，可分为纯粹风险和投机风险。纯粹风险通常是指只有损失的机会，而绝无获利可能的风险；而投机风险，通常是指实际收益和预期收益的差异变动程度，有获利的可能。

（二）按照农业生产对象划分

根据农业生产对象通常可以将农业风险划分为种植业风险和养殖业风险。

（三）按照农业风险的成因划分

一般而言，农业风险可由自然因素、社会因素和人为因素三方面引起，具体可以分为四类。一是自然风险，主要指气候的不确定性所引发的农业风险。自然风险对农业财产的影响主要分为自然因素（如气象灾害引起的干旱、洪涝、霜冻等）、动植物的病害和虫害三种。二是市场风险，是指由市场因素引起的风险，即由经济环境和市场价格的改变所带来的农业风险，如农产品市场价格异动、市场利率浮动、经济体制改革、生产成本上升、贸易条件恶化等。三是社会风险，是指由人为因素引起的风险，即由社会条件异常所引发的灾害事故所造成的农业风险，通常包括由政局变化、战争、罢工等原因带来的政治风险，个人或团体过失、不当行为或故意行为所造成的火灾、恶意破坏等道德风险，以及因为管理不善、操作不当、管理人员贪污或失职等原因带来的风险。四是技术风险，是指由于农民采用先进的管理技术和使用新技术带来的风险。

（四）按照农业收入的构成划分

根据农业收入的不同构成，把农业风险划分为农业产量风险和农产品价格风险，这样分类主要是便于对农业收入风险来源进行细分。农业收入等于农产品产量与价格的乘积，产量与价格的变化必将导致收入的波动。因此，农业收入风险的来源主要是农产品产量的不确定性和农产品价格的不确定性。

三、农业风险的特点

农业是自然再生产与经济再生产交织在一起的产业，而农业风险的作用对象是有生命的动植物体，其价值形成有其特殊性。农业风险的特点具体如下：

（1）农业风险具有种类多、范围广、损失大和易导致巨灾风险的特点。农业风险影响到农业生产经营的各个环节，所以农业风险因素的多样性决定了农业风险种类的多样性。就中国而言，中国是一个自然灾害频发的国家，灾害影响范围广、受灾损失大。以 2013 年为例，因各类自然灾害频发，共使得 3.9 亿人次受灾，农作物受灾面积达 3 135 万公顷，因自然灾害导致的经济损失高达 5 808 多亿元。而且，频发的自然灾害也增加了农业巨灾风险发生的可能性。

（2）农业风险具有系统性和广泛的伴生性特点。一个保险是否可保，其前提条件是这个风险要是"独立的随机事件"。而农业生产风险单位在自然灾害中往往表现为时间和空间的高度相关性，这主要是由于自然灾害的特点所决定的。例如：台风往往在短时间内就能横跨东南沿海几个省市，而一次旱灾往往使几个省或十几个省同时受灾，造成巨大损失。这种农业灾害损失的同因性、风险灾损的高度相关性都表明农业风险具有系统性风险的特征。而且，农业风险还具有广泛的伴生性的特点，一个风险事故的发生往往会引发另外一个或多个风险事故的发生。比如，台风往往伴随暴雨，而虫灾多与旱灾相伴等。农业风险所具有的广泛的伴生性通常是很多国家开展多重农业保险和农业一切险的原因之一。

（3）农业风险具有不确定性和复杂性特点。农业受自然因素和社会因素的双重制约，是个风险很大的行业。农业风险还具有复杂性特点，比如农业风险事故和风险损失的非一致性，通常是指由于农业生产是自然再生产和经济再生产相互交织的生产过程，农产品价值的形成既有动植物吸收自然能量和营养进行生长发育而形成价值的过程，同时又离不开人类活动的影响，面对同样的自然灾害，人们采取的补救措施不同，会导致不同的灾损结果。此外，在某些情况下，风险事故对农业生产的影响可能是潜在的。一方面，有可能短期内对当前农作物生长产生较大损害，但靠着农作物自身的生长机能，慢慢得以恢复；另一方面，对当前的农业生产影响不明显，却给农业的长远发展埋下祸根。也正是因为农业风险的这些复杂性，才使得农业保险需要特殊的理赔方法和技术。

（4）农业风险具有明显的区域性和季节性特点。由于中国气象灾害种类繁多，地理区域分布明显，因此农业风险具有区域性特点。以中国为例，总体来说南方多涝灾，北方多干旱。此外，中国气象灾害的季节性特点也比较突出，比如旱涝灾害，春季往往南涝北旱，盛夏则是南旱北涝。农业保险的区域性和季节性特点主要由地理和气候地域分布规律决定的，它们为农业保险区划和费率细分的必要性提供了依据。

（5）农业风险承担者具有弱小性、分散性及风险损失的相对严重性特点。以中国为例，家庭经营是农村主要的生产经营方式，农业风险的承担者往往是每一个分散的农户家庭，而单个农户家庭的收入水平和抵抗风险能力有限，决定了农业风险承担者具有弱小性和分散性的特点。此外，农业风险还具有相对严重性特点。一方面，农业风险的系统性说明每一次农业风险都会带来严重的客观损失；另一方面，农业风险主要是人们从主观上对客观损失的一种度量，其风险损失的大小往往决定于被保险人的风险承受能力。在农村，农业风险的承担者是分散的农户和经济实力不强的农村经济合作组织，风险承担能力普遍不强。所以中国农业风险承担者具有弱小性、分散性及风险损失的相对严重性的特点。

农业风险的特点决定了农业保险必须进行规模经营，这样才能大范围内分散农业风险，以保持经营的稳定性。

四、农业风险的可保性

保险的基本职能是消除任一单位遭受损失的不确定性风险；但并不是每一种风险都是可保的，有许多风险是不可保的，决定一种风险是否可保有多种因素，其中首要因素就是这个风险必须是不确定性的，除此之外，还应具备以下因素：

（1）风险必须是纯粹的损失风险。风险只能是仅有损失机会并无获利可能的风险，即纯粹风险。这主要是投机风险受主观影响较大，使得风险损失具有很大程度上的必然性，这显然与不确定性原则相违背。

（2）风险必须是意外的。这句话包含两层意思：一是风险不能是意料之中的，不能是必定要发生的，如一些已经处于风险状态的财产等是不能承保的；二是风险不能是被保险人故意行为所造成的，如故意纵火烧毁财产等。

（3）风险事故造成的损失要有重大性和分散性。这里通常是指风险在发生时可能给人们带来难以承受的经济损失或长期的不良影响，这样的风险才能使多数经济单位或个人有参加保险的愿望。

（4）风险必须是大量的、同质的和可测量的。风险的可测量性通常是指风险发生的概率和损失率是可以计算的，因为这是保险人计算保险费率，即保险价格的依据。保险费率的核心组成部分就是风险发生的损失率，所以不可测风险是无法确定保险费率的，从而也是不可保的。

（5）风险损失必须是可以用货币衡量的。保险是当被保险人因自然灾害、意外事故等约定事故的发生而遭受财产损失或人身伤害时，由保险人给予经济补偿的一种经济保障活动。保险人实现经济补偿的基础就是这种损失可以用货币为尺度进行衡量。

综上所述，某一种农业风险是否可以承保，首先要具有上述风险承保因素要求，但考虑到购买保险的对象主要为收入不高的农民，农业风险是否可以承保还需要农业保险的费用在一般农民所能承担的平均水平之内。需要指出的是，保险的可保性不是固定不变的，它会随着事物内外部条件的变化而变化，一些目前可保风险也会因为外部环境的变化在将来变成不可保风险，反之亦然。

第二节 农业保险

一、农业保险的概念

农业保险的概念界定对掌握农业保险经济属性和功能定位特别重要，因为概念的界定是研究的逻辑起点，是研究得以成功的关键因素。理论界已形成了关于"农业保险内涵"的多种解释，但至今尚未达成一致的理解和认识。代表观点主要有以下几种：

1990 年出版的《中国金融百科全书》这样界定农业保险的含义："农业保险是对种植业、养殖业、饲养业、捕捞业在生产、哺育、成长过程中因自然灾害或意外事故所致的经济损失提供经济保障的一种保险。"而在 1991 年出版的《农村金融名词词语汇释》则认为："农业保险是在农村地区实行以参加保险者交付的保险费建立的保险基金，用以补偿参加者因自然灾害、意外事故或个人丧失劳动力及死亡所造成的经济损失的一种经济补偿。"此外，很多学者诸如庹国柱和王军（2002）、龙文军和胡海涛（2003）、龙春霞等（2003）、庹国柱和李军（2005）、张跃华等（2007）、谢家智（2009）等根据研究需要也从不同方面界定了农业保险的内涵，以达到其研究的目的。

国务院参照各学者观点并结合中国农业保险的实践经验，在 2013 年下发的《农业保险条例》中将农业保险定义为："农业保险是指保险机构根据农业保险合同，对被保险人在种植业、林业、畜牧业和渔业生产中因保险标的遭受约定的自然灾害、意外事故、疫病、疾病等保险事故所造成的财产损失，承担赔偿保险金责任的保险活动。"

本书在前人研究基础上，考虑到在现实中农户对分散农业市场风险的需求越来越大，故将农业保险界定为：农业保险是指保险机构根据农业保险合同，对被保险人在农业生产经营过程中因保险标的遭受约定的自然灾害、市场和社会的环境变化等所造成的财产损失，承担赔偿保险金责任的一种制度安排。农业保险应属于财产保险的一种。

基于本书研究需要，本书所界定农业保险的范围仅限种植业保险，而养殖业保险不在本书研究范围。

二、农业保险经营模式

经营模式是指为实现确定的价值定位所采取的一类方式方法，是为达到某种经营目标所实施的一整套稳定的经营规则。因此，农业保险经营模式就是为解决农业保险发展中的问题，在农业保险长期的经营实践过程中形成的具有鲜明特点的、比较稳定的一系列经营规则的总和，它体现了农户、保险机构、政府各方的利益制衡和协调关系。

农业保险经营模式是指保险公司在提供农业保险服务时所采用的商业模式和运营方式。不同的农业保险经营模式会影响保险产品的设计、定价、销售和赔付等环节。以下是一些常见的农业保险经营模式及其特点和目的：

（一）政策性农业保险模式

特点：由政府主导或提供支持，通常包括财政补贴和政策引导。

目的：保障农民收入，减轻自然灾害等风险带来的影响，促进农业稳定发展。

（二）商业性农业保险模式

特点：由商业保险公司根据市场原则自主经营，不依赖政府补贴。

目的：通过风险分散和转移，为农民提供更灵活、多样化的保险产品。

（三）合作社模式

特点：农民通过加入合作社来共同承担风险，合作社负责购买或提供保险服务。

目的：增强农民的风险管理能力，降低保险成本，提高保险覆盖率。

（四）政府-商业合作模式

特点：政府与商业保险公司合作，政府提供补贴或支持，商业保险公司负责产品开发和运营。

目的：结合政府资源和商业机制的优势，提高农业保险的效率和效果。

（五）微保险模式

特点：针对低收入农户设计的低成本、小额赔付的保险产品。

目的：为广大小农户提供基本的风险保障，提高农业保险的普及率。

（六）科技驱动模式

特点：利用大数据、人工智能、卫星遥感等技术，提高保险精算、风险评估和赔付效率。

目的：实现更精准的风险管理，降低保险成本，提供更优质的保险服务。

总之，不同的农业保险经营模式有各自的优势和局限性，适合不同的市场和客户需求。在实际运营中，保险公司和政府机构可以根据具体情况选择或结合不同的模式，以更好地服务农业保险市场，促进农业的可持续发展。

三、农业保险的特点

（一）高度依赖天气和自然条件

农业保险高度依赖于天气和自然条件，这是由于农业生产本身对这些因素具有极高的敏感性。不同的气候条件，如温度、降水、日照和湿度等，对农作物的生长周期和产量有直接的影响。例如，适宜的降雨量和温度有利于作物的生长，而干旱或洪水等极端天气条件则可能导致作物减产甚至绝收。此外，风暴、冰雹、地震和病虫害等自然灾害也会对农业生产造成严重损害。

由于这些天气和自然因素的不可预测性，农民面临着较高的生产风险。为了减轻这些风险，农业保险应运而生。农业保险通过提供经济补偿来帮助农民应对因天气和自然条件不利而造成的损失。保险公司在设计农业保险产品时，需要考虑特定地区的气候特征和自然灾害的发生概率，以确保保险产品能够有效覆盖农民面临的风险。

为了精确评估这些风险，保险公司通常会利用气象数据、卫星遥感技术和历史灾害记录等信息。基于这些数据，保险公司可以确定保险条款、保费率和赔付标准。例如，位于干旱地区的农民可能需要支付更高的保费以获得干旱保险，而位于洪水易发区的农民则可能更关注洪水保险。

农业生产受天气和自然环境的影响极大，天气好、风调雨顺的时候，农业收成也会比较好；但是遇到风暴等恶劣天气的话，农业生产将会受到很大的影响。风调雨顺时农业生产粮食收成好，农业保险需求比较少；当遇到恶劣天气影响农业生产的话，对农业保险的需求比较大。因此农业保险需要特别考虑这些因素。

总之，农业保险的设计和实施高度依赖于对天气和自然条件的深入了解。农业保险通过提供针对特定气候风险的保险保障，帮助农民降低因自然因素导致的经济损失，从而促进农业生产的稳定和可持续发展。

（二）地域性强

农业保险的地域性强是指农业保险产品和服务需要针对不同地区的特定气候条件、土壤类型、农作物种类以及农业生产方式进行定制。这种地域性主要由以下几个方面体现：

（1）气候条件差异。不同地区的气候条件如温度、降水量、风速等有显著差异，这直接影响农作物的生长和产量。因此，农业保险需要根据各地区的气候特征设计保险产品，以有效覆盖当地农民面临的气候风险。

（2）农作物种类差异。不同地区种植的农作物种类不同，每种农作物对天气和自然条件的敏感程度也有所不同。因此，农业保险需要提供针对不同作物的保险产品，以满足各地农民的需求。

（3）农业生产方式差异。不同地区的农业生产方式（如灌溉农业、旱作农业、山地农业等）有所不同，这影响了农民对保险的需求和保险产品的设计。例如，灌溉农业地区的农民可能更关注水资源管理相关的保险，而山地农业地区的农民可能更需要保障自然灾害风险的保险。

（4）自然灾害风险差异。不同地区面临的自然灾害风险也有所不同，如某些地区可能更容易遭受洪水、干旱或风暴的影响。农业保险需要根据各地区的灾害风险特点提供相应的保险产品。

因此，农业保险具有强烈的地域性，需要根据不同地区的具体情况进行定制，以有效满足当地农民的保险需求，为农业生产提供全面的风险保障。这也要求保险公司对各地区的农业特点和风险状况有深入的了解，并能够灵活地调整保险产品和服务以适应不同地区的需求。

（三）风险共享机制

农业保险通常采用风险共享的机制，通过集合众多农民的保费，分摊个别农民遭受重大损失的风险。各个地区地域不同，天气不同，种植的农作物也不同，有的地域由于天气等因素会影响农业生产，对农业保险需求比较大，而有的地域由于气候好，农业收成好，因此对农业保险需求也会比较少，所以，农业保险是风险共享机制。

农业保险的风险共享机制是指通过保险这一方式，将个别农民面临的风险分散到更广泛的农民群体或保险公司中，从而降低单个农民因自然灾害或市场波动造成的损失风险。这种机制主要通过以下几个方面体现：

（1）保费汇集。农民通过支付保费加入农业保险，这些保费被汇集成一个保险基金。当个别农民因自然灾害或市场风险遭受损失时，可以从这个基金中获得赔偿。

（2）风险分散。农业保险将众多农民的风险集合在一起，通过大数法则，降低了单个农民遭受重大损失的概率。这种风险分散机制使得农民即使面临不利情况，也能获得经济上的保障，减少损失。

（3）互助共济。农业保险体现了一种互助共济的精神。所有参保的农民共同承担风险，当个别农民遭受损失时，其他农民通过保费的形式间接为其提供了支持。

（4）再保险机制。为了进一步分散风险，保险公司通常会将部分风险转移给再保险公司。这样，即使发生大规模灾害导致大量农民索赔，保险公司也能够通过再保险机制获得赔偿，确保赔付能力。

（5）政府支持。在某些情况下，政府会通过补贴保费、提供再保险等方式支持农业保险，增强风险共享机制的效力，确保农业保险体系的稳定运行。

农业保险的风险共享机制为农民提供了一种有效的风险管理工具，帮助他们应对不可预测的自然灾害和市场波动，保障农业生产的稳定性和农民的经济安全。

（四）政府支持

由于农业保险市场的特殊性，许多国家的政府会提供补贴或支持，以鼓励农民参保。农村地区农业生产的特点，农民文化素养、农村管理等各方面的问题解决难度大，导致农业保险在农村发展缓慢，因此需要依靠政府的政策支持和补贴来引导农民参保和扩大农村的农业保险需求。农业保险政府支持是指政府通过制定相关政策、提供财政补贴、建立法律法规等方式，促进农业保险体系的发展和完善。这种支持在农业保险的推广和实施中起着至关重要的作用。

1. 政策支持

（1）政策制定与规划。政府可以制定具体的农业保险政策和发展规划，明确农业保险的目标、方向和重点领域。

（2）知识推广、教育与技能培训。政府可以开展农业保险知识的推广和教育，提高农民对农业保险的认识和理解，并通过培训提升保险从业人员的专业技能。

2. 财政支持

（1）保费补贴。政府可以为农民购买农业保险提供部分保费补贴，降低农民的保险成本，激励更多农民参与农业保险。

（2）再保险支持。政府可以设立再保险机制，为农业保险公司提供风险分担和资金支持，增强其承保能力和风险抵御能力。

3. 法律法规支持

（1）制定专门法律。政府可以制定专门的农业保险法律，明确农业保险的法律地位、运行机制和监管要求。

（2）完善监管体系。政府可以建立健全的农业保险监管体系，规范保险市场的运作，保护农民和保险公司的合法权益。

4. 技术与数据支持

（1）提供技术支持。政府可以支持农业保险技术的研发和应用，如卫星遥感、大数据分析等，提高风险评估和赔付的效率和准确性。

（2）建立数据平台。政府可以建立农业保险数据平台，收集和整理农业生产、气象、灾害等相关数据，为农业保险的风险评估和产品设计提供数据支持。

通过这些政策、财政、法律和技术与数据支持，政府可以促进农业保险体系的健康发展，提高农业保险的覆盖率和效率，更好地保障农民的利益和农业生产的稳定。

四、农业保险的种类

（一）多险种综合保险

这种保险覆盖多种风险，如天气灾害、病虫害、价格波动等，抗风险性更强。

农业保险多险种综合保险是一种将多种农业风险纳入

同一保险合同中的保险产品。它旨在为农民提供更全面的风险保障，覆盖从种植到收获等农业生产的各个阶段。这种综合保险可以包括以下几个方面的拓展内容：

1. 险种覆盖

（1）自然灾害险：涵盖由于干旱、洪水、风暴、冰雹等自然灾害造成的农作物损失。

（2）病虫害险：针对农作物因病虫害导致的损失提供保障。

（3）价格保险：针对农产品市场价格波动导致的收入损失提供保障。

（4）收入保险：保障农民在特定条件下的总收入，以减少因产量减少或价格下降导致的收入损失。

2. 产品设计

（1）灵活性：多险种综合保险应设计得灵活，以适应不同地区、不同农作物和不同农业生产方式的需求。

（2）定制化：保险公司可以根据农民的具体需求和风险特征，提供定制化的保险解决方案。

3. 风险管理

（1）风险评估：准确评估各种风险的可能性和潜在影响，以制定合理的保费和赔付标准。

（2）风险分散：通过多险种的组合，分散风险，降低保险公司的赔付压力。

4. 政策支持

（1）政府补贴：政府可以为多险种综合保险提供保费补贴，降低农民的保险成本，鼓励更多农民参保。

（2）政策引导：政府可以制定相关政策，鼓励保险公司开发和推广多险种综合保险产品。

5. 技术应用

（1）卫星遥感和大数据：利用卫星遥感技术和大数据分析，提高风险评估的准确性和赔付的效率。

（2）信息平台：建立农业保险信息平台，方便农民了解保险产品，了解如何投保和索赔。通过多险种综合保险，农民可以获得更全面的风险保障，减少自然灾害和市场风险对农业生产的影响，保障农业生产的稳定和农民的收入安全。

（二）单一险种保险

农业保险单一险种保险是指只针对一种特定风险或农作物提供保障的保险产品。与多险种综合保险相比，单一险种保险更加专注，通常用于覆盖某一特定的风险或针对特定的农作物。以下是一些关于农业保险单一险种保险的拓展内容：

1. 险种类型

（1）干旱险：针对因干旱导致的农作物损失提供赔偿。

（2）洪水险：覆盖因洪水造成的农作物受损或毁坏。

（3）冰雹险：针对因冰雹导致的农作物损害提供保障。

（4）病虫害险：保障农作物因病虫害而造成的损失。

（5）价格险：保障农产品价格低于某一预定水平时的收入损失。

2. 产品特点

（1）专业性：单一险种保险针对特定风险，保险条款和赔偿标准更加专业和精确。

（2）简便性：相比多险种综合保险，单一险种保险的投保和理赔流程相对简单，易于操作和理解。

3. 风险管理

（1）精准评估：针对单一风险的专业性评估，可以更准确地确定保费和赔偿标准。

（2）防范措施：鼓励农民采取相应的防范措施，如利用灌溉设施应对干旱，利用防洪措施应对洪水等。

4. 政策支持

（1）政府补贴：政府可以针对某些关键性或易受灾害影响的农作物提供保费补贴，以鼓励农民参保。

（2）技术指导：政府和保险公司可以提供技术指导和服务，帮助农民更好地管理单一风险。

5. 应用场景

（1）特定地区：在某些地区特定的自然灾害可能更为常见，如某些地区可能更容易发生干旱或洪水，针对这些风险的单一险种保险更为适用。

（2）特定作物：对于一些经济价值高、易受特定风险影响的农作物，如水果、蔬菜等，单一险种保险可以提供更专业的保障。

通过提供单一险种保险，保险公司可以满足农民针对特定风险的保障需求，帮助农民减轻单一风险带来的经济压力，保障农业生产的稳定。单一险种保险只针对特定的风险，如干旱保险、洪水保险、冰雹保险等。

（三）收入保险

农业收入保险是一种综合性保险产品，旨在保障农民的总收入，而不仅仅是保障特定作物的产量或价格。这种保险通过覆盖多种风险因素（包括产量损失、价格波动等），来确保农民在面对不利条件时仍能获得稳定的收入。以下是一些关于农业收入保险的拓展内容：

1. 保险覆盖

（1）产量损失：保障因自然灾害（如干旱、洪水、风暴）或病虫害等导致的产量减少。

（2）价格波动：保障因市场价格下跌导致的收入减少。

（3）其他风险因素：根据具体保险产品设计，还可以覆盖其他影响农民收入的风险因素，如运输成本增加、政策变化等。

2. 产品特点

（1）综合风险管理：农业收入保险提供了一种综合风险管理工具，帮助农民应对多种风险因素的影响。

（2）稳定农民收入：通过保障农民的总收入，农业收入保险有助于稳定农民的经济状况，减少因市场波动或自然灾害带来的不确定性。

3. 实施挑战

（1）风险评估复杂：由于需要考虑多种风险因素，农业收入保险的风险评估相对复杂，需要借助准确的数据和先进的分析方法。

（2）赔付标准确定难度大：确定合理的赔付标准需要综合考虑作物产量、价格等多种因素，这增加了农业收入保险的设计和实施难度。

4. 政策支持

（1）政府补贴：政府可以通过提供保费补贴来鼓励农民参与农业收入保险，降低农民的保险成本。

（2）数据支持和技术合作：政府可以提供农业生产和市场数据，支持保险公司开发更准确的风险评估模型和保险产品。

5. 发展前景

随着农业数据的获取和处理能力的提升，以及农民风险管理意识的增强，农业收入保险有望成为未来农业保险市场的重要组成部分，为农民提供更全面的风险保障，促进农业的可持续发展。农业收入保险可以保障农民的收入水平，使其即使在遭受自然灾害或市场价格下跌时，也能获得一定的收入保障。

（四）指数保险

农业指数保险是一种创新的保险产品，它不是基于农民实际损失的赔偿，而是根据预先确定的指数（如降雨量、温度、作物产量指数等）来确定赔偿金额。这种保险产品的特点在于简化了赔付流程，降低了保险公司的风险评估和赔偿成本，从而提高了农业保险的可行性和效率。以下是一些关于农业指数保险的拓展内容：

1. 保险类型

（1）天气指数保险：以特定地区的气象数据（如降雨量、温度）作为指数，当指数达到预定阈值时进行赔付。

（2）产量指数保险：以区域平均产量为指数，当实际产量低于预定水平时进行赔偿。

（3）价格指数保险：以农产品市场价格为指数，当价格低于预定水平时提供赔偿。

2. 优势

（1）赔付流程简单：由于赔偿基于指数而非实际损失，减少了现场评估的需要，简化了赔付流程。

（2）风险评估客观：指数保险的赔偿标准客观明确，

减少了道德风险和欺诈风险。

（3）操作成本降低：降低了保险公司的风险评估和赔付成本，有助于降低保费，提高农民的参保意愿。

3. 挑战

（1）基础数据要求高：指数保险的实施需要准确可靠的气象、产量等数据，对数据采集和处理能力提出了较高要求。

（2）基差风险：即指数与农民实际损失之间可能存在偏差，农民可能无法获得足够的赔偿，或者在没有损失的情况下获得赔偿。

4. 发展前景

指数保险以某种客观指标（如降雨量、温度等）为基础，当指标达到特定水平时，即可触发赔付，这种保险简化了损失评估的过程。随着气象监测技术和大数据分析技术的发展，农业指数保险的准确性和可操作性将进一步提高。政府和保险机构可以通过提供数据支持、技术合作和政策引导，促进农业指数保险的发展，为农民提供更有效的风险管理工具。

（五）种植保险

农业种植保险是一种为农作物种植过程中可能遭受的自然灾害和市场风险提供保障的保险形式。

1. 保险范围

（1）作物覆盖：可以覆盖各种作物，包括粮食作物、经济作物、蔬菜、水果等。

（2）风险覆盖：除了自然灾害（如干旱、洪水、冰雹、台风等）和病虫害，还可以扩展到价格波动、收入下降等市场风险。

2. 保险模式

（1）个体保险：针对单个农户的作物种植进行保险，适用于规模较大、管理较好的农场或种植户。

（2）区域保险：以一定区域内的农户为对象，根据该区域内的平均产量或损失进行赔付，适用于小规模农户。

3. 保险产品设计

（1）指数保险：以某种客观指数（如降雨量、温度等）为赔付标准，简化了赔付流程，降低了成本。

（2）收入保险：保障农民的总收入，而不仅限于作物损失，更全面地管理风险。

4. 政府支持

（1）政策扶持：政府可以通过立法、财政补贴等方式支持农业种植保险的发展。

（2）风险共担：政府可以与保险公司共同承担部分风险，降低保险公司的负担，鼓励其提供更多样化的保险产品。

5. 发展挑战

（1）数据获取：准确的农作物损失数据和气象数据是农业保险的基础，获取这些数据可能面临挑战。

（2）风险管理：农业种植受多种因素影响，如何有效管理和评估这些风险是农业保险发展的关键。

6. 发展前景

种植保险是一种针对特定作物的保险，保障作物因自然灾害或病虫害造成的损失。通过不断拓展和创新农业种植保险产品，可以更好地满足农民的需求，帮助他们应对种植过程中的各种风险，促进农业的可持续发展。

（六）养殖保险

农业养殖保险是一种针对畜牧业和水产养殖业的保险产品，旨在为养殖户提供针对疾病、自然灾害、市场价格波动等风险的保障。

1. 保险范围

（1）养殖对象覆盖：可以覆盖各种养殖对象，包括家禽、家畜、水产等。

（2）风险覆盖：除了自然灾害（如洪水、干旱、风暴等）和疾病外，还可以扩展到市场价格波动、意外死亡等风险。

2. 保险产品设计

（1）定制化保险方案：根据不同养殖种类和规模，设计符合养殖户需求的保险方案。

（2）组合保险产品：将养殖保险与其他保险产品（如财产保险、责任保险等）结合，提供更全面的风险管理方案。

3. 技术应用

（1）物联网技术：利用物联网技术监测养殖环境和动物健康状况，及时发现并预防风险。

（2）大数据分析：运用大数据技术分析历史风险数据，提高保险定价的准确性和风险评估的科学性。

4. 政策支持

（1）政府补贴：政府可以为养殖保险提供财政补贴，降低养殖户的保险成本，鼓励养殖户参保。

（2）行业指导：政府和行业协会可以提供养殖技术和风险管理知识的培训，提升养殖户的风险防范能力。

5. 发展前景

随着养殖业的不断发展和风险管理意识的提高，农业养殖保险有望成为养殖行业重要的风险管理工具。通过不断创新保险产品和服务，提高养殖保险的覆盖率和效率，可以更好地保障养殖户的利益，促进养殖业的可持续发展。

第二章

农业保险发展现状、存在的问题及解决建议

第一节　农业保险发展现状分析

一、发达国家农业保险发展现状

在如美国、加拿大和欧洲的一些国家，农业保险体系较为完善，政府提供的补贴使得农业保险成为农业风险管理的重要工具。例如，美国的联邦作物保险计划（FCIP）不仅覆盖传统作物，还扩展到了特色作物和有机农业。发达国家的农业保险通常具有以下特点：

（一）成熟的保险市场

发达国家的农业保险市场较为成熟，具有完善的法律法规、健全的市场机制和丰富的产品种类。保险公司提供多样化的保险产品，以满足农业生产中应对各种风险的需求。

（二）政府的积极参与

在许多发达国家，政府在农业保险体系中扮演着重要角色。政府不仅提供政策支持和法律保障，还通过财政补贴等方式降低农民的保险成本，提高农民的参保率。例如，美国的联邦作物保险计划和欧洲的农业保险补贴制度。

（三）高技术应用

发达国家在农业保险领域广泛应用卫星遥感、物联网、大数据分析等高新技术，以提高风险评估的准确性和赔付的效率。这些技术的应用使得农业保险更加精准和高效。

（四）农业保险与风险管理相结合

在发达国家，农业保险通常被视为农业风险管理的一部分。农民通过购买保险来转移风险的同时，也会采取其他风险管理措施，如灾害预防、多样化种植等，以综合应对农业生产中的各种风险。

（五）持续创新和调整

面对气候变化、市场波动等新挑战，发达国家的农业保险不断进行创新和调整，以适应不断变化的风险环境。例如，引入气候变化因素的保险产品、开发新的指数保险产品等。

总体而言，发达国家的农业保险发展较为成熟，具有政府支持、技术应用、风险管理和持续创新等特点。然而，面对新的挑战，农业保险仍需不断发展和完善。

二、发展中国家农业保险发展现状

农业保险在发展中国家通常受到国际组织（如世界银行）的支持，通过微保险和指数保险等创新模式来提高农民的参保率。然而，由于缺乏足够的资金和技术支持，发展中国家农业保险的普及和发展仍面临困难。

（一）保险覆盖率低

在许多发展中国家，农业保险的覆盖率相对较低。农民对保险的认识不足，对保险产品的需求和信任度不高，加之受经济条件限制，农民参保率不高。

（二）政府支持不足

相较于发达国家，发展中国家政府对农业保险的支持力度较小。缺乏足够的政策引导和财政补贴，导致保险产品开发和推广受限。

（三）基础设施和高新技术应用有限

发展中国家在气象监测、数据收集和处理等方面的基础设施存在不足，影响了农业保险的风险评估和赔付效率。同时，高新技术在农业保险领域的应用也较为有限。

（四）产品种类和创新不足

发展中国家的农业保险产品种类相对单一，缺乏针对性和创新性。保险产品往往只覆盖基本的自然灾害风险，难以满足农业和农民多样化的风险保障需求。

（五）发展潜力和机遇

尽管面临诸多挑战，但发展中国家的农业保险仍具有巨大的发展潜力和机遇。随着经济的发展和农业现代化进程的推进，农民对风险管理的需求日益增长。政府可以通过制定相关政策、提供财政支持、加强基础设施建设等措施，推动农业保险的发展。同时，随着科技进步，利用移动支付、大数据、卫星遥感等技术，可以提高农业保险的服务效率和覆盖面，促进农业保险市场的健康发展。

三、中国农业保险发展现状

中国农业保险发展近年来取得了显著进展，但仍面临一些挑战。

（一）发展成就

（1）保险覆盖面广：中国农业保险的覆盖面不断扩大，涵盖了粮食作物、经济作物、畜禽养殖等多个领域。

（2）产品种类丰富：农业保险产品日益丰富，除了传统的作物保险和养殖保险外，还出现了价格保险、收入保险等创新产品。

（3）政府支持力度大：中国政府高度重视农业保险的发展，通过提供保费补贴、建立政策性农业保险体系等措施，促进农业保险的普及和发展。

（二）面临的挑战

（1）参保率有待提高：虽然保险覆盖面扩大了，但在一些地区和对于某些作物，农业保险的参保率仍然较低。

（2）风险评估和定价机制需完善：准确评估农业风险和合理定价是促进农业保险发展的关键，目前这方面仍需进一步完善。

（3）赔付效率和服务质量需提升：提高赔付效率，优化服务流程，提升农民的保险体验是当前亟待解决的问题。

（三）发展方向

（1）加强政策支持和引导：进一步完善农业保险相关政策，加大财政补贴力度，引导保险公司开发更多适合农民需求的保险产品。

（2）推动技术应用和创新：利用大数据、人工智能、卫星遥感等技术提高风险评估的精准性和赔付的效率。

（3）加强农业保险宣传和教育：提高农民对农业保险的认识和理解，增强其参保意愿。

总体而言，中国农业保险发展取得了一定成效，但仍需在政策支持、高新技术应用、产品创新等方面不断努力，以更好地满足农业生产的风险保障需求，促进农业的可持续发展。

第二节　农业保险发展问题分析

农业保险作为一种重要的农业风险管理工具，在全球范围内正逐步发展和完善。为了应对气候变化带来的挑战，推动农业保险的持续发展，需要政府、保险公司和科技企业共同努力，不断创新产品和服务，提高农业保险的覆盖率和效率。

农业保险虽然在全球范围内取得了一定的发展，但仍然存在一些问题和挑战。

一、低参保率

在许多国家，特别是发展中国家，农民对农业保险的认知度不高，缺乏足够的保险意识，导致参保率较低。农业保险的低参保率是一个普遍存在的问题，尤其在发展中国家和农业经济较为落后的地区。这个问题的存在有多方面的原因，同时也带来了一系列的影响和挑战。

（一）出现低参保率的原因

（1）认知度不足：许多农民对农业保险的概念和作用缺乏足够的了解，不知道保险如何帮助他们管理风险。

（2）保险产品不符合农民需求：现有的农业保险产品

可能不符合农民的实际需求，例如保险条款过于复杂，或者覆盖的风险类型不符合当地农民的需求。

（3）保费负担重：对于一些收入较低的农民来说，保险的费用可能是他们难以承受的负担，尤其是在没有政府补贴的情况下。

（4）赔付流程复杂：复杂繁琐的赔付流程和低效的赔付效率可能会让农民对农业保险失去信心。

（5）文化和心理因素：一些农民可能受传统观念影响，对新事物比较抗拒，不愿意购买保险。

（二）低参保率所带来的影响和挑战

（1）风险管理能力弱：低参保率意味着许多农民没有获得有效的风险管理工具，他们在面对自然灾害和市场波动时更加脆弱。

（2）农业生产稳定性受影响：没有保险保障的农民在遭受灾害时可能难以恢复生产，这会影响农业生产的稳定性和农产品的供给安全。

（3）农业保险市场发展受限：低参保率限制了农业保险市场的规模和发展潜力，也影响了保险公司设计更多元化、更具吸引力的保险产品的动力。

二、保险产品不足

现有的农业保险产品往往不能完全满足农民的需求，

缺乏针对特定作物、特定风险的定制化保险产品。

（一）原因

农业保险产品不足是指现有的农业保险产品无法完全满足农民对风险保障的需求。这一问题可能由以下几个方面造成：

（1）覆盖范围有限：现有的农业保险产品可能只覆盖了部分风险类型，如天气灾害，而忽略了市场风险、病虫害等其他重要风险。

（2）缺乏定制化：农业生产具有很强的地域性和多样性，不同地区、不同作物的风险特征各不相同，但现有的保险产品可能缺乏有针对性的定制化设计。

（3）创新不足：农业保险产品的创新程度不足，缺乏利用先进技术和数据分析来开发的新型保险产品，如指数保险、卫星遥感保险等。

（4）政策和监管限制：在某些地区，政策和监管框架可能限制了农业保险产品的创新和发展。

（二）影响

（1）风险保障不全面：由于农业保险产品不足，农民面临的许多风险可能得不到有效的保障，增加了他们在遭遇不利情况时的经济压力。

（2）参保意愿降低：当农民发现保险产品无法满足他

们的需求时，可能会对购买保险失去兴趣，导致参保率低下。

（3）农业生产稳定性受影响：缺乏全面的风险保障可能导致农业生产在遭遇灾害或市场波动时无法及时恢复，影响农产品的稳定供给。

三、风险评估困难

由于农业生产受天气和自然条件的影响较大，对农业风险进行准确评估是一大挑战，这直接影响到农业保险产品的定价和赔付。农业保险的风险评估困难主要是农业生产的特殊性和复杂性所导致的。以下是一些导致农业保险风险评估困难的具体原因以及可能的解决措施：

（1）气候变化的不确定性：全球气候变化导致天气模式不稳定，极端气象事件频发，给准确预测农业风险带来了挑战。

（2）数据缺乏和不准确：在一些地区，缺乏足够的历史气象数据和农业生产数据，或者现有数据的质量和准确性不高，这使得风险评估难以进行。

（3）农业生产的多样性：不同地区的农业生产条件（如土壤类型、种植作物、耕作方式等）差异较大，使得风险评估需要考虑更多的变量和因素。

（4）生物灾害难以预测：病虫害等生物灾害的发生受

多种因素影响，难以准确预测，增加了风险评估的难度。

四、信息严重不对称

农业保险中的信息不对称是指保险公司和农民之间对农业生产和风险相关信息的了解存在不平等的现象。这种信息不对称可能导致一系列问题，影响农业保险的有效性和效率。农业保险信息不对称的具体表现在以下 3 个方面。

（1）道德风险：农民在购买了农业保险后，可能会降低自身的风险防范意识和措施，因为他们知道损失可以通过保险获得赔偿。这种行为增加了保险公司的赔付风险。

（2）逆向选择：由于保险公司无法准确了解每个农民的具体风险状况，可能导致高风险的农民更倾向于购买保险，而低风险的农民则不愿意参保。这会导致保险池中风险水平的提高，增加保险公司的赔付压力。

（3）索赔欺诈：部分农民可能会夸大其损失，或者故意制造损失以获取保险赔偿，这种欺诈行为增加了保险公司的成本。农民和保险公司之间存在信息不对称的问题，农民还可能隐瞒真实情况以获取更高的赔付，而保险公司则难以准确了解农田的实际情况。

五、赔付效率低

农业保险赔付效率低是指在农业保险中，从农民申请赔偿到实际获得赔偿的过程耗时长、程序复杂，使农民在遭受损失后无法及时获得经济补偿。这个问题是由多方面的原因造成的，并会带来一些影响。

（一）原因

（1）复杂的赔付程序：农业保险的赔付流程可能包括损失评估、索赔申请、审核、赔付等多个环节，每个环节都可能涉及繁琐的手续和审查。

（2）缺乏有效的损失评估机制：农业生产的特殊性使得损失评估困难，缺乏快速准确评估损失的机制会导致赔付进程延长。在发生灾害时，赔付流程繁琐、时间长，导致农民无法及时获得赔偿，影响其恢复生产的能力。

（3）信息不对称和欺诈风险：由于信息不对称，保险公司在处理索赔时可能需要更多时间来验证损失的真实性，以防止欺诈行为。

（4）技术和人力资源限制：一些保险公司可能缺乏足够的技术和人力资源来高效处理大量的赔付申请。

（二）影响

（1）农民信心下降：赔付效率低会影响农民对农业保险的信心和满意度，降低他们参保的意愿。

（2）生产恢复延迟：农民在灾后无法及时获得赔偿，可能导致生产恢复延迟，影响农业生产的连续性和稳定性。

（3）保险公司声誉受损：赔付效率低会影响保险公司的声誉和市场竞争力，影响其在农业保险市场的地位。

六、政策支持不足

农业保险政策支持不足是指在某些地区或国家，政府对农业保险的支持力度不够，缺乏有效的政策和法律框架来促进农业保险的发展。这个问题是由多方面的原因造成的，并带来了一些影响。

（一）原因

（1）政策优先级低：在一些地区，政府可能将资源和注意力集中在其他领域，而忽视了农业保险的重要性，导致缺乏有针对性的政策支持。

（2）财政资源有限：政府的财政资源有限，可能无法提供足够的资金支持农业保险的发展，如补贴保费、建立再保险机制等。

（3）法律和监管框架不完善：缺乏完善的法律和监管框架，无法有效规范和促进农业保险市场的健康发展。尽管一些国家的政府提供了政策支持和财政补贴，但在很多地区，农业保险仍缺乏足够的政策支持和市场激励机制。

（4）缺乏公共意识和教育：政府在提高公众对农业保险重要性的认识和教育方面投入不足，导致农民对农业保险的了解不够、参与度低。

（二）影响

（1）农业保险市场发展受限：政策支持不足会限制农业保险市场的规模和发展潜力，影响保险公司提供多样化和创新保险产品的能力。

（2）农民保险意愿低：缺乏政府的鼓励和支持，农民可能对购买农业保险缺乏兴趣和信心，导致参保率低。

（3）风险管理能力弱：农业保险作为风险管理工具的作用未能得到充分发挥，农民在面对自然灾害和市场风险时缺乏有效的保障。

七、技术应用有限

农业保险技术应用有限是指在农业保险领域，尽管高新技术发展为提高风险评估的准确性、优化赔付流程和降低运营成本提供了可能，但这些技术的实际应用仍然受到限制。这种限制可能是由多方面造成的，并会带来一些影响。

（一）原因

（1）资金投入不足：技术应用和创新需要相应的资金支持，但在一些地区，农业保险行业可能缺乏足够的资金投入技术研发和应用。

（2）技术普及率低：农业保险行业的技术普及率相对较低，特别是在发展中国家和农业经济落后地区，缺乏对先进技术的认识和使用能力。

（3）人才缺乏：缺乏具备技术背景的专业人才，限制了新技术在农业保险领域的应用和推广。

（4）数据获取和处理问题：农业保险需要大量精确的数据支持，但在一些地区，获取高质量的农业数据和气象数据比较困难，数据处理能力也有限。

（二）影响

（1）风险评估不准确：技术应用有限导致农业保险的风险评估缺乏精确性，增加了保险公司的赔付风险。

（2）赔付效率低：缺乏技术支持的赔付流程可能繁琐复杂，导致赔付效率低下，影响农民对保险的满意度和信心。

（3）产品创新受限：技术应用的限制也影响了农业保险产品的创新和多样化，限制了市场的发展潜力。

虽然现代技术（如遥感技术、大数据等）有潜力改善农业保险的风险评估和赔付效率，但在实际应用中仍面临技术、成本和数据获取等方面的限制。

想要解决这些问题需要保险公司、政府和农业部门的共同努力，通过提高农民的保险意识、开发更多符合农民需求的保险产品、改进风险评估技术、简化赔付流程、加强政策支持等措施，促进农业保险的健康发展。

第三节 农业保险发展问题解决建议

以下是针对前述农业保险存在的问题的具体解决建议：

一、低参保率问题解决建议

（1）加强宣传和教育：加强对农业保险的宣传，提高农民对保险重要性的认识，通过举办培训和宣传活动，让农民了解保险的好处和操作流程。

（2）提供政府补贴：政府可以提供保险补贴，降低农民的保险成本，鼓励更多农民参加农业保险。

（3）优化保险产品设计：开发更符合农民需求、更易于理解和操作的保险产品，提高保险的适用性和吸引力。

（4）简化赔付流程：优化赔付流程，提高赔付效率和透明度，增强农民对农业保险的信心。

（5）加强农业保险市场监管：建立健全农业保险市场的监管机制，确保保险产品的质量和服务的可靠性，保护农民的权益。

通过上述措施，可以逐步提高农业保险的参保率，增强农民的风险管理能力，促进农业生产的稳定和农业保险市场的健康发展。

二、保险产品不足问题解决建议

（1）开发定制化产品：保险公司应根据不同地区、不同作物和不同风险的需求，开发更多定制化的保险产品。

（2）引入新型保险模式：探索和推广如指数保险、天气保险等新型保险模式，以覆盖更多的风险类型。

（3）开发多元化产品：开发更多元化的农业保险产品，覆盖更多的风险类型，如市场价格波动、病虫害等。

（4）推动产品创新：鼓励保险公司利用先进技术和数据分析，开发新型农业保险产品，如指数保险、卫星遥感保险等，提高保险产品的精准度和效率。

（5）优化政策和监管环境：政府应制定有利于农业保险创新和发展的政策和监管框架，为保险公司提供更多灵活性和空间。

通过上述措施，可以丰富农业保险产品的种类和功能，更好地满足农民的风险保障需求，促进农业保险市场的健康发展。

三、风险评估困难问题解决建议

（1）利用现代技术：采用遥感技术、气象数据和大数据分析等现代技术手段，提高风险评估的准确性和效率。

（2）加强数据收集：建立和完善农业风险数据的收集和分析系统，为风险评估提供更多有价值的信息。

（3）加强气象监测和研究：建立和完善气象监测网络，加强对气候变化趋势的研究，提高极端天气事件的预测能力。

（4）开发和应用模型和工具：开发和应用农业风险评估模型和工具，结合地区特定的农业生产条件，进行定制化的风险评估。

（5）加强病虫害监测和预警：建立病虫害监测和预警系统，及时获取病虫害发生和蔓延的信息，为风险评估提供支持。

通过上述措施，可以提高农业保险的风险评估能力，为农民提供更准确和有效的保险保障，从而降低农业生产风险，促进农业的可持续发展。

四、信息严重不对称问题解决建议

（1）加强监管和审查：加强对农业保险申报和赔付过程的监管，确保信息的真实性和准确性。

（2）提高信息透明度：通过技术手段，如在线平台和移动应用，提高信息共享和透明度，减少信息不对称。

（3）完善风险评估机制：保险公司应加强对农业生产和风险状况的评估，利用先进技术和数据分析手段提高风险评估的准确性。

（4）建立激励机制：通过设计合理的保险条款和赔偿机制，激励农民采取风险防范措施，减少道德风险的发生。例如，为采用先进农业技术或参加风险管理培训的农民提供保费折扣。

（5）加强信息交流和教育：加强保险公司与农民之间的信息交流，提高农民对农业保险的理解和认识，减少信息不对称。同时，开展农业保险知识和风险管理的宣传教育，提高农民的风险意识。

（6）加强监管和打击欺诈：政府和保险监管机构应加强对农业保险市场的监管，建立健全打击保险欺诈的法律和制度，维护农业保险市场的健康发展。

通过上述措施，可以有效减少农业保险中的信息不对称问题，提高农业保险的效率和公平性，更好地保障农民的利益，促进农业的可持续发展。

五、赔付效率低问题解决建议

（1）简化赔付流程：简化赔付申请和审批流程，缩短赔付时间，提高赔付效率。

（2）引入自动化技术：采用自动化技术和系统，如自动影像识别和在线申报系统，加快赔付处理速度。

（3）加强培训和管理：加强对保险公司工作人员的培

训，提高他们的专业能力和工作效率。同时，优化内部管理，确保赔付流程的顺畅和高效。

（4）建立快速赔付机制：对于小额索赔，可以设立快速赔付机制，简化审批流程，实现快速赔付。

通过上述措施，可以提高农业保险的赔付效率，增强农民对保险的信心，促进农业保险市场的健康发展，更好地保障农民的利益和农业生产的稳定性。

六、政策支持不足问题解决建议

（1）增加政策投入：政府应将农业保险纳入农业发展和农村经济稳定的重要议程，制定具体的政策措施和计划，加大对农业保险的支持力度。

（2）提供财政补贴和支持：政府可以通过提供保费补贴、建立再保险机制、提供税收优惠等方式，减轻农民的经济负担，激励更多农民参保。

（3）完善法律和监管框架：建立和完善农业保险相关的法律法规和监管体系，确保农业保险市场的规范运作和健康发展。

（4）加强公众教育和宣传：政府应加强对农业保险的公众教育和宣传，提高农民对农业保险重要性的认识，增强他们的保险意识和参与度。

通过上述措施，可以增强政府对农业保险的政策支持，促进农业保险市场的发展，提高农民的保险意愿和风险管理能力，从而更好地保障农业生产的稳定性和农民的经济安全。

七、技术应用有限问题解决建议

（1）增加资金投入：政府和保险公司应增加对技术研发和应用的资金投入，支持技术创新和推广。

（2）提高技术普及率：鼓励保险公司采用先进技术，提高农业保险行业对技术的认识和使用率。

（3）培养专业人才：加强对农业保险技术人才的培养和引进，提高行业的技术水平。

（4）提高数据收集和处理能力：建立和完善数据收集系统，利用大数据、人工智能等技术提高数据处理能力，为风险评估和赔付提供支持。

通过上述措施，可以提高农业保险技术应用的水平，提高风险管理的效率和准确性，促进农业保险产品的创新和市场的健康发展。

第三章

农产品供给安全相关理论及现状分析与问题的解决

第一节　农产品供给安全的重要意义

农产品供给安全对于一个国家和地区的经济发展、社会稳定和人民生活水平具有重要意义。

一、粮食安全

农产品供给安全是确保国家粮食安全的基础。稳定的农产品供应能够保证人民的基本食物需求，避免因粮食短缺引发的社会问题。农产品供给安全是粮食安全的重要组成部分，它对确保粮食安全具有重要意义。

（一）确保粮食供应稳定

农产品供给安全直接影响粮食的生产和供应。保障农产品的稳定供应，可以确保市场上有足够的粮食满足人们的需求，避免出现粮食短缺的情况。

（二）维护粮食价格稳定

农产品供给的波动会影响粮食价格。保障农产品供给安全有助于稳定粮食价格，减少因价格波动引起的市场不稳定和社会不安。

（三）提高粮食质量和安全性

农产品供给安全不仅包括粮食数量的稳定，还涉及质量和安全性。通过加强农产品的质量监管和安全控制，可以提高粮食的质量和安全性，保障人们的健康。

（四）促进农业可持续发展

保障农产品供给安全需要采取可持续的农业生产方式，这有助于保护农业资源，促进农业的长期发展，从而为粮食安全提供持续的支持。

（五）增强国家粮食安全保障能力

农产品供给安全是国家粮食安全的基础。通过提高农产品供给的稳定性和可靠性，可以增强国家应对粮食危机和外部冲击的能力，保障国家的粮食安全。

总之，农产品供给安全对粮食安全具有重要意义，它关系到粮食供应的稳定性、价格的稳定性、粮食的质量和安全性，以及农业的可持续发展和国家粮食安全保障能力。因此，加强农产品供给安全管理，采取有效措施保障农产品的稳定供应，对于维护粮食安全至关重要。

二、经济发展

农业是许多国家经济的重要组成部分。稳定的农产品供给能够促进农业和相关产业的发展，增加农民收入，推动经济增长。农产品供给安全对经济发展具有重要意义，主要体现在以下几个方面：

（一）促进农业经济稳定增长

农产品供给安全是农业经济稳定发展的基础。通过保障农产品的稳定供应，可以稳定农民收入，激励农业生产，促进农业经济的持续增长。

（二）保障食品工业原料供应

农产品是食品工业的主要原料。农产品供给安全可以确保食品工业原料的稳定供应，促进食品工业的发展，提高食品加工业的产值和效益。

（三）维护社会稳定和民生改善

农产品供给安全直接关系到人民的日常生活和社会稳定。稳定的农产品供应有助于维持物价稳定、改善民生、增强社会稳定性。

（四）促进国际贸易和竞争力

农产品供给安全有助于提高农产品的出口竞争力，增加农产品出口，促进国际贸易的发展。同时，通过参与国际市场竞争，可以促进农业技术和管理水平的提升。

（五）增强应对风险和外部冲击的能力

农产品供给安全增强了国家应对自然灾害、市场波动等风险和外部冲击的能力。通过建立稳定的农产品供应体系，可以有效减少外部不确定因素对经济发展的影响。

总之，农产品供给安全对经济发展具有重要意义，它不仅是农业经济稳定增长的基础，也是维护社会稳定、促进国际贸易发展和增强经济抗风险能力的重要保障。因此，加强农产品供给安全管理，保障农产品的稳定供应，对于推动经济持续健康发展具有重要作用。

三、社会稳定

农产品供给的稳定性直接影响到社会稳定。粮食短缺或价格波动可能导致社会不满和动荡，因此保障农产品供给安全有助于维护社会秩序。农产品供给安全对社会稳定具有至关重要的意义，主要表现在以下几个方面：

（一）确保基本生活需求

农产品供给安全直接关系到人们的基本生活需求，尤其是粮食供给。稳定的农产品供应能够保证人们的饮食安全，满足人们日常生活所需，维护民众的基本生活水平。

（二）维护物价稳定

农产品供给的波动会直接影响到食品价格，进而影响到整体的物价水平。保障农产品供给安全有助于稳定食品价格，避免因物价上涨引发的社会不满和动荡。

（三）减少贫困和饥饿问题

农产品供给安全对于减少贫困和饥饿问题具有重要作用。通过提高农业生产效率和稳定农产品供应，可以增加农民收入，减少贫困人口，同时也有助于解决饥饿问题，提高民众的健康水平。

（四）增强社会信心和稳定性

农产品供给安全能够增强民众对政府的信心和满意度，提高社会稳定性。人们对未来生活的信心和对政府的满意度往往与其能否获得稳定的食品供应密切相关。

（五）促进社会和谐发展

稳定的农产品供应有助于促进社会各阶层之间的和谐发展。农民作为农产品的生产者，能够从稳定的市场中获得稳定的收入，而消费者也能够以合理的价格获得所需的食品，从而减少社会矛盾和冲突。

总之，农产品供给安全对社会稳定具有重要意义。保障农产品供给安全有助于满足人们的基本生活需求，维护物价稳定，减少贫困和饥饿问题，增强社会信心和稳定性，促进社会和谐发展。因此，加强农产品供给安全管理是维护社会稳定的重要措施之一。

四、公共健康

农产品是人们获取营养和维持健康的主要来源。稳定且充足的农产品供给可以保证人们的饮食多样化和营养均衡，有利于提高公众健康水平。农产品供给安全对公共健康具有重要意义，主要体现在以下几个方面：

（一）保障食品安全

农产品供给安全直接关系到食品的安全性。通过保证农产品的质量和安全，可以避免有害物质进入食品链，减少食源性疾病的发生，保护公共健康。

（二）提供营养充足的食物

稳定的农产品供给有助于保证食物的多样性和营养均衡。人们可以获得足够的蛋白质、维生素、矿物质等营养素，满足身体健康的需求，提高整体的营养水平。

（三）减少饥饿和营养不良

农产品供给安全对于减少饥饿和营养不良问题至关重要。通过保障农产品的稳定供应，可以降低食物短缺的风险，减少因饥饿和营养不良导致的健康问题。

（四）支持健康生活方式

稳定和安全的农产品供给有助于支持健康的生活方式。人们可以更容易地获得新鲜、健康的食物，促进健康饮食习惯的形成，减少发生慢性疾病的风险。

（五）应对公共卫生危机

在公共卫生危机，如疫情、自然灾害等情况下，农产品供给安全对于保障社会稳定和公共健康尤为重要。稳定的农产品供应可以确保人们在危机期间仍能获得足够的食物，维持基本的生活和健康需求。

总之，农产品供给安全对公共健康具有重要意义。保障农产品的质量、安全和稳定供应，不仅可以保障食品安全，提供营养充足的食物，减少饥饿和营养不良问题，还可以支持健康的生活方式，应对公共卫生危机，促进社会的整体健康和福祉。因此，加强农产品供给安全管理，保障农产品的质量和安全，对于维护公共健康具有重要作用。

五、应对突发事件

在自然灾害、疫情等突发事件中，农产品供给安全尤为重要。有效的农产品供应体系可以在危机时刻保障民众的基本生活需求，增强社会的抗风险能力。

因此，加强农产品供给安全对于保障国家和地区的长期稳定和发展具有重要意义。农产品供给安全在应对突发事件中具有至关重要的意义，主要体现在以下几个方面：

（一）确保基本生活需求

在突发事件发生时，农产品供给安全是保障人们基本生活需求的关键。维持稳定的农产品供应，可以确保人们在危机时期仍能获得足够的食物，满足基本的生存需求。

（二）减轻社会恐慌

突发事件往往会引发社会恐慌，导致人们恐慌性囤积食物，进而加剧供应短缺。保障农产品供给安全有助于稳定市场，减轻恐慌情绪，维护社会秩序。

（三）提高应急响应能力

农产品供给安全是提高应急响应能力的重要基础。建立稳定的农产品储备和供应体系，可以在突发事件发生时迅速调动资源，有效应对危机。

（四）促进灾后恢复和重建

在自然灾害等突发事件过后，农产品供给安全对于灾区的恢复和重建工作至关重要。稳定的农产品供应可以支持灾区人民的生活和生产恢复，加快重建进程。

（五）增强国家安全和社会稳定

从更广泛的层面来看，农产品供给安全对于维护国家安全和社会稳定具有重要意义。在面对外部冲击和挑战时，稳定的农产品供应是保障国家安全、维持社会稳定的重要基础。

总之，农产品供给安全在应对突发事件中发挥着关键作用，它不仅保障了人们的基本生活需求，减轻了社会恐慌，提高了应急响应能力，还对灾后恢复和国家安全具有重要意义。因此，加强农产品供给安全管理，建立稳定的农产品供应体系，对于提高社会的抗风险能力和应对突发事件能力具有重要作用。

第二节　农产品供给安全现状

一、食品需求增长

随着全球人口的增长和经济的发展，人们对农产品的需求持续增加。这对农业生产提出了更高的要求，需要提高产量和效率以满足日益增长的需求。随着人口增长、经济发展和消费模式的变化，食品需求不断增长，这对农产品供给提出了更高的要求。

（一）驱动因素

（1）人口增长：全球人口持续增长，尤其是在一些发展中国家，人口增长速度较快，这直接增加了食品的总体需求。

（2）经济发展：经济增长提高了人们的收入水平，增加了对高质量和多样化食品的需求。

（3）城市化进程：城市化带来的生活方式变化，使人们对便利食品、加工食品的需求增加。

（4）消费习惯变化：健康意识的提高和饮食习惯的变化，使得人们对有机食品、功能性食品等特殊食品的需求增长。

（二）影响及挑战

（1）供给压力增大：不断增长的食品需求对农业生产提出了更高的要求，需要更多的农产品供给来满足市场需求。

（2）资源和环境约束：农业生产需要大量的土地、水资源和能源，不断增长的食品需求可能加剧资源的消耗和增大环境的压力。

（3）价格波动：食品需求的增长可能导致农产品价格的波动，从而影响食品的可负担性和市场稳定性。

（三）应对策略

（1）提高农业生产效率：采用先进的农业技术和管理方法，提高农业生产效率，增加农产品的产量。

（2）促进可持续农业：发展可持续农业，合理利用资源，保护环境，确保农业的可持续发展。

（3）加强农产品供给链管理：优化农产品供给链，减少损失和浪费，提高农产品的流通效率。

（4）调整食品消费模式：通过宣传和教育引导消费者合理消费，减少对资源密集型食品的过度消费，促进健康、可持续的食品消费模式。

总之，应对不断增长的食品需求，需要提高农业生产效率、促进可持续农业发展、加强供给链管理和调整消费模式等，以确保农产品供给的增长能够满足市场需求，保障食品安全和农业的可持续发展。

二、气候变化加剧

气候变化带来的极端灾害事件，如洪水、干旱和病虫害，对农业生产造成了严重影响，威胁到农产品供给的稳定性。气候变化对农产品供给安全产生了深远的影响，其主要表现和应对策略如下：

（一）影响农业生产

（1）产量波动：气候变化导致的极端天气事件，如干旱、洪水、热浪等，会影响农作物的生长，导致农产品产量波动。

（2）种植区域变化：气候变暖可能导致某些农作物的适宜种植区域发生变化，影响农业生产布局。

（3）病虫害增加：气候变化可能导致病虫害的种类和数量增加，给农业生产带来更大的挑战。

（二）影响农产品质量

（1）营养成分变化：气候变化可能影响农作物的生长环境，导致农产品的营养成分发生变化。

（2）品质下降：极端天气条件可能导致农产品品质下降，影响农产品的市场价值。

（三）影响供给稳定性

（1）供给波动：气候变化导致的农业生产不稳定性增加，使得农产品供给波动加剧。

（2）供给不足：在某些情况下，气候变化可能导致农产品供给不足，影响食品安全。

（四）应对策略

（1）加强气候适应性研究：开展气候变化对农业的影响的研究，发展适应气候变化的农业技术和品种。

（2）完善灾害预警和应急体系：建立有效的气候灾害预警和应急响应体系，提高农业抵御气候变化的能力。

（3）推广可持续农业实践：采用节水灌溉、有机农业等可持续农业实践，减少气候变化对农业的负面影响。

（4）加强国际合作：在全球范围内加强合作，共同应对气候变化对农业的挑战，保障全球粮食安全。

总之，气候变化对农产品供给安全构成了重大挑战，需要通过加强研究、完善应对机制、推广可持续农业实践和加强国际合作等措施来应对，以保障农业生产的稳定性和农产品供给的安全。

三、资源和环境压力增大

土地退化、水资源短缺和环境污染等问题限制了农业生产的可持续性,对农产品供给安全构成挑战。农产品供给安全面临的资源和环境压力主要体现在三个方面。

（一）土地资源压力

（1）耕地减少:城市化和工业化导致耕地面积减少,限制了农业生产的空间。

（2）土地退化:过度耕作、不合理的农业活动导致土壤退化,影响了土地的生产力。

（二）水资源压力

（1）水资源短缺:农业是水资源的主要消耗者之一,但许多地区水资源短缺,限制了农业灌溉和生产。

（2）水污染:农业活动中化肥和农药的过量使用导致水体污染,影响了水资源的可用性和安全性。

（三）环境污染

（1）大气污染:农业机械化和化肥农药的使用产生了大量温室气体和污染物,加剧了大气污染。

（2）生态系统破坏:过度开垦、森林砍伐等破坏了自然生态系统,影响了生物多样性和生态平衡。

（四）气候变化影响

（1）产量波动:气候变化导致极端天气事件频发,影响了农作物的生长和产量。

（2）种植区域变化:气候变暖可能导致作物适宜种植

区域发生变化，影响了农业生产格局。

（五）应对策略

（1）推广可持续农业：采用节水灌溉、有机农业等可持续农业实践，以减轻对资源和环境的压力。

（2）保护和恢复生态系统：实施水土保持、植树造林等措施，保护和恢复自然生态系统。

（3）提高资源利用效率：通过技术创新和管理改进，提高水资源和土地资源的利用效率。

（4）加强气候变化适应能力：开展气候变化影响研究，制定适应气候变化的农业策略和措施。

总之，农产品供给安全面临的资源和环境压力需要通过推广可持续农业实践、保护和恢复生态系统、提高资源利用效率和加强气候变化适应能力等综合措施来加以应对，以保障农业生产的可持续发展和农产品供给的安全。

四、市场和价格波动频繁

国际市场价格波动和贸易政策变化会影响农产品的供应和价格稳定性，给农产品供给安全带来不确定性。农产品供给安全中的市场和价格波动问题对农业生产和农民收入具有重要影响。

（一）市场和价格波动的原因

（1）供需变化：农产品的供求关系变化是导致价格波

动的主要原因，受天气、疾病、政策等因素影响。

（2）国际市场影响：全球化背景下，国际市场的需求和价格变动会影响国内市场和价格。

（3）投机行为：市场参与者的投机行为会导致农产品价格的短期波动。

（4）政策调整：政府的贸易政策、农业补贴政策等调整会影响农产品的市场和价格。

（二）影响及后果

（1）农民收入波动：价格波动直接影响农民的销售收入，增加农民的经济不确定性。

（2）影响生产决策：价格波动会影响农民的种植和养殖决策，可能导致资源错配和生产效率下降。

（3）影响消费者：农产品价格波动也会影响消费者的购买力和消费选择。

（4）影响粮食安全：严重的价格波动可能影响粮食的稳定供应，威胁粮食安全。

（三）应对策略

（1）建立价格稳定机制：通过建立价格保险、最低收购价等机制，减少价格波动对农民的影响。

（2）完善市场信息系统：提供及时准确的市场信息，帮助农民做出合理的生产和销售决策。

（3）增强产业链协同：加强上下游产业链的协同，稳定原料供应和产品销售，减少市场波动的影响。

（4）促进农产品多元化：鼓励农民种植多样化的作物，降低对单一作物市场的依赖，分散风险。

总之，市场和价格波动是农产品供给安全中的重要问题，需要通过建立稳定机制、完善市场信息系统、增强产业链协同和促进产品多元化等措施来加以应对，以保障农民收入稳定和农业生产的可持续发展。

五、技术进步和创新不足

现代农业技术的进步和创新，如精准农业、生物技术和数字化农业，为提高农产品供给的效率和可持续性提供了机会。

（一）技术的进步和创新在农业中的应用

（1）精准农业技术：利用 GIS（地理信息系统）、GPS（全球定位系统）、遥感技术等实现农业生产的精准管理，提高资源利用效率，减少环境对农业生产的影响。

（2）智能农业设备：应用无人机、智能喷洒系统、自动化农机等智能设备，提高农业生产的自动化和智能化水平。

（3）生物技术：运用生物技术培育抗病虫、高产、优质的农作物品种，提高农产品的产量和质量。

（4）信息技术：利用大数据、云计算、移动互联网等信息技术，实现农业信息的实时监控和管理，提高决策的准确性。

（二）影响及意义

（1）提高农业生产效率：技术进步和创新能够提高农业生产效率，增加农产品的产量，满足日益增长的食品需求。

（2）促进可持续农业发展：技术进步和创新可以减少化肥农药的使用、提高资源利用效率、保护生态环境，有助于实现农业的可持续发展。

（3）提高农产品质量和安全：应用先进的生产和检测技术，可以提高农产品的质量和安全性，保障消费者健康。

（4）增强农业抗风险能力：技术进步和创新有助于提高农业对自然灾害和市场波动的抵抗能力，增强农产品供给的稳定性。

（三）发展趋势

随着科技的不断发展，未来农业技术进步和创新将更加注重生态环保、资源高效利用和智能化管理，以实现农业的绿色发展和智慧农业。同时，加强国际合作，共享科技成果，推动全球农业技术的交流和应用，共同应对全球粮食安全挑战。

总之，技术进步和创新对于提高农业生产效率、保障农产品供给安全、促进可持续农业发展具有重要作用。通过不断推动农业技术的创新和应用，可以有效应对农业生产中的各种挑战，保障全球粮食安全。

六、政策支持和投资加强

政府的政策支持和对农业领域的投资对于保障农产品供给安全至关重要。适当的政策和投资可以促进农业发展，提高农业抗风险能力。

在不同国家和地区，农产品供给安全的现状可能会有所不同，但总体而言，提高农业生产的可持续性、积极应对气候变化和市场风险、加强国际合作和政策支持是保障农产品供给安全的关键。农产品供给安全的政策支持和投资对于保障粮食安全和促进农业可持续发展至关重要。

（一）政策支持的重要性

（1）政府政策引导：政府通过制定相关政策和法规，为农业发展提供方向和框架，确保农业生产的稳定和可持续。

（2）财政补贴和支持：政府通过提供财政补贴、减税优惠等措施，降低农民的生产成本，激励农业生产。

（3）市场调控和干预：政府通过市场调控措施，如最低收购价、储备管理等，稳定农产品市场，保障农民收入。

（二）投资对农产品供给安全的作用

（1）增加农业生产能力：投资农业基础设施、先进技术和生产设备，可以提高农业生产效率和产量。

（2）促进农业科技创新：投资农业科研和技术开发，推动农业科技进步，可以提高农业生产的质量和竞争力。

（3）实现农业可持续发展：投资生态农业、有机农业等可持续农业模式，保护农业资源和环境，可以实现农业的长期发展。

（三）政策和投资的发展趋势

（1）整合资源和政策：政府应整合各类农业资源和政策，形成统一的农业发展战略，提高政策的协调性和效率。

（2）加大科技创新投资：加大对农业科技创新的投入，支持农业技术研发和应用推广，提升农业的科技水平。

（3）促进公私合作：鼓励公私合作模式，吸引私人投资参与农业发展，共同推动农业现代化和可持续发展。

总之，政策支持和投资对于保障农产品供给安全、促进农业可持续发展具有重要作用。通过制定合理的政策、加大投资力度、推动科技创新和促进公私合作，可以有效提升农业生产能力和农产品供给安全水平。

第三节　农产品供给安全问题

一、资源和环境压力

农产品供给安全在保障食品供应的同时，也面临着资源和环境压力问题。

（一）资源消耗问题

（1）水资源压力：农业生产是水资源的主要消耗者之一。在一些干旱或水资源匮乏的地区，过度灌溉可能导致地下水位下降和水资源枯竭。

（2）土地退化：过度耕作、不合理的土地利用和化学肥料的过量使用可能导致土壤退化，影响农产品的可持续生产。

（二）环境污染问题

（1）化学污染：农药和化肥的过量使用不仅影响土壤和水质，还可能导致农产品残留农药超标问题，影响食品安全。

（2）温室气体排放：农业生产过程中的温室气体排放（如二氧化碳、甲烷等）是全球气候变化的重要因素之一。

（三）生态系统破坏问题

（1）生物多样性丧失：过度开垦和单一作物种植可能导致生态系统被破坏，影响生物多样性。

（2）森林砍伐：为了扩大农业耕地，不合理的森林砍伐会破坏自然生态系统，加剧水土流失和生物多样性丧失。

（3）土地资源有限：耕地面积受城市化和工业化的影响，可用于农业生产的土地资源减少。

（4）水资源短缺：由于水资源分布不均，一些地区面临严重的水资源短缺问题，影响农业灌溉和生产。

（5）土壤退化和环境污染：过度使用化肥和农药、工业污染和生活垃圾等导致土壤退化和环境污染，影响农产品的质量和安全。

二、气候变化的影响

气候变化对农业生产影响如下：

（1）极端天气事件：气候变化导致极端天气事件频发，如干旱、洪水、高温等，这些天气事件对农业生产造成了严重影响，导致农产品产量波动。

（2）生长季节变化：气候变化影响农作物的生长季节，可能导致农作物生长周期缩短或延长，影响农产品的产量和品质。

（3）种植区域变化：气候变暖可能导致作物适宜种植

区域发生变化，影响农业生产格局。

三、农产品质量和安全问题

（一）农产品质量问题

（1）残留农药：农药过量使用可能导致农产品中残留农药超标，对人体健康造成威胁。

（2）重金属污染：土壤和水源受到重金属污染，可能导致农产品中重金属含量超标，影响食品安全。

（3）生产过程污染：在农产品生产、加工、运输和储存过程中，由于环境污染或操作不当，可能导致农产品受到污染。

（二）农产品安全问题

（1）病原微生物污染：农产品可能受到细菌、病毒等病原微生物的污染，引发食源性疾病。

（2）食品添加剂滥用：在农产品加工过程中，滥用食品添加剂可能导致食品安全问题。

（3）生物安全风险：转基因技术的应用可能引发生物安全风险，引起公众对转基因农产品安全的担忧。

（三）解决措施

（1）加强监管和检测：加强农产品生产、加工、流通各环节的监管，定期进行农产品质量和安全检测。

（2）推广绿色生产方式：推广有机农业、生态农业等绿色生产方式，减少化学农药和化肥的使用，降低农产品污染风险。

（3）提高农民素质和技能：通过教育和培训提高农民的环保意识和生产技能，指导他们采用科学合理的生产方法。

（4）加强食品安全宣传和教育：提高消费者对食品安全的认识，引导消费者选择安全、健康的农产品。

（5）完善法律法规：建立健全农产品质量和安全的法律法规体系，严格处罚违法行为，保护消费者权益。

总之，农产品质量和安全问题是保障农产品供给安全的重要内容。通过加强监管、推广绿色生产、提高农民素质、加强宣传教育和完善法律法规等措施，可以有效提高农产品的质量和安全水平，保障公众健康。

四、农业科技创新不足

农业技术水平低会导致农业生产中仍然依赖传统的耕作方式，缺乏先进的农业技术和设备，限制了生产效率的提升。农业科技创新不足会产生一系列问题。农业科技创新在保障农产品供给安全方面发挥着至关重要的作用，但在许多地区，特别是一些发展中国家，农业科技创新仍然不足，这对农产品供给安全构成了挑战。

（一）创新不足的表现

（1）技术水平落后：缺乏先进的农业生产技术，如高效灌溉系统、病虫害防治技术、智能农业设备等，导致农业生产效率低下。

（2）研发投入不足：农业科研经费投入不足，缺乏对农业科技创新的持续支持，导致新技术、新品种研发滞后。

（3）技术推广和应用缓慢：即使存在一些先进技术，也因为缺乏有效的推广机制和农民接受度低而难以广泛应用。

（二）影响及后果

（1）产量和质量受限：农业生产效率低下，难以满足日益增长的人口对食品的需求，农产品质量也难以得到保证。

（2）资源利用效率低：缺乏高效的资源管理技术，导致水资源、土地资源等自然资源的利用效率低，加剧了资源短缺的问题。

（3）环境污染和生态破坏：过度依赖化肥农药等传统生产方式，加剧了环境污染和生态破坏，影响了农业的可持续发展。

（三）解决措施

（1）加大科研投入：政府和企业应加大对农业科技研

发的投入，支持基础研究和应用技术开发。

（2）推广先进技术：建立有效的技术推广机制，提高农民对新技术的认识和接受度，促进先进农业技术的广泛应用。

（3）培养科技人才：加强农业科技人才的培养和引进，建立专业的科研团队，提升农业科技创新能力。

（4）促进科技与产业融合：鼓励科研机构与农业企业合作，促进农业科技成果的产业化和商业化。

总之，解决农业科技创新不足问题对于提高农业生产效率、保障农产品供给安全、促进可持续发展具有重要作用。通过加大研发投入、推广先进技术、培养科技人才和促进科技与产业融合等措施，可以有效提升农业科技创新能力，保障农产品供给安全。

五、农业保险体系不完善

农业保险体系在保障农产品供给安全方面发挥着重要作用，但在许多地区，尤其是一些发展中国家，农业保险体系仍然不完善，这对农产品供给安全构成了挑战。

（一）不完善的表现

（1）保险产品单一：农业保险产品种类有限，主要集中在传统的农作物保险，缺乏针对不同农业风险的多样化保险产品。

（2）覆盖范围有限：农业保险的覆盖面较窄，很多农作物和养殖业未能纳入保险范围，农民的保险需求得不到满足。

（3）参保率低：由于保险意识不强、保费负担较重等原因，农民参保率普遍较低。

（4）赔付效率低：由于缺乏有效的风险评估和赔付机制，农业保险的赔付效率较低，影响了农民的保险体验。

（二）影响及后果

（1）风险管理能力弱：农业保险体系不完善导致农民面对自然灾害和市场风险时缺乏有效的风险管理工具，农业生产的稳定性受到影响。

（2）农民收入不稳定：缺乏有效的农业保险保障，农民在遭受灾害或市场波动时难以获得及时的经济补偿，收入不稳定。

（3）农业可持续发展受阻：农业保险体系不完善影响了农业生产的稳定性和农民的收入安全，不利于农业的可持续发展。

（三）解决措施

（1）丰富保险产品：开发多样化的农业保险产品，覆盖更广泛的农作物和养殖业，满足农民的不同保险需求。

（2）扩大保险覆盖：通过政府补贴、降低保费等措施，扩大农业保险的覆盖范围，提高农民的参保率。

（3）提高赔付效率：建立高效的风险评估和赔付机制，提高农业保险的赔付效率，增强农民的保险体验。

（4）加强宣传和培训：加强对农民的保险宣传和培训，提高农民的保险意识和风险管理能力。

总之，完善农业保险体系对于提高农业生产的稳定性、保障农民的收入安全、促进农业可持续发展具有重要作用。通过丰富保险产品、扩大保险覆盖、提高赔付效率和加强宣传培训等措施，可以有效改善农业保险体系，保障农产品供给安全。

六、市场和价格波动

农产品供给安全中的市场和价格波动问题对农业生产和农民收入具有重要影响。

（一）原因分析

（1）自然因素：自然灾害、气候变化等自然因素影响农产品的产量，进而导致市场供需不平衡和价格波动。

（2）市场因素：国际市场需求变化、贸易政策调整、投机行为等市场因素也会引起农产品价格的波动。

（3）成本因素：农业生产成本（如劳动力、能源、化肥等）的变化会影响农产品的价格。

（4）政策因素：政府的农业政策、财政补贴、税收政策等也会对农产品市场和价格产生影响。

（二）影响及后果

（1）农民收入不稳定：价格波动会影响农民的收入稳定性，增加农民的经济风险。

（2）影响农业生产决策：市场和价格波动会影响农民的种植和养殖决策，可能导致农业资源的错配和生产效率的降低。

（3）影响食品安全和供给稳定：价格波动可能导致农产品供应不稳定，影响食品安全和供给安全。

（4）加剧社会不稳定风险：严重的价格波动可能导致社会不满和不稳定，尤其是在粮食价格剧烈波动时。

（三）解决措施

（1）建立价格稳定机制：建立农产品价格稳定机制，如价格保险、最低收购价政策等，减少价格波动对农民的影响。

（2）完善市场信息系统：完善农产品市场信息系统，提供及时准确的市场信息，帮助农民做出合理的生产和销售决策。

（3）加强农业风险管理：推广农业保险、期货等风险管理工具，帮助农民规避价格风险。

（4）促进农产品多元化：鼓励农民种植多样化的作

物，降低对单一作物市场的依赖，减少价格波动的影响。

总之，市场和价格波动是农产品供给安全中的重要问题，需要通过建立稳定机制、完善市场信息系统、加强风险管理和促进产品多元化等措施来加以应对，以保障农民收入稳定和农业生产的可持续发展。

七、农业国际合作和贸易壁垒

农产品供给安全中的农业国际合作和贸易壁垒在全球化背景下尤为重要，影响着各国农业的发展和全球粮食安全。

（一）农业国际合作

（1）技术交流与合作：技术交流与合作可以促进农业技术的交流和传播，帮助发展中国家提升农业生产技术和管理水平。

（2）粮食援助与合作：在面临粮食危机的情况下，国际粮食援助和合作对于缓解粮食短缺和保障粮食安全具有重要意义。

（3）农业投资与合作：跨国农业投资和合作项目可以促进农业资源的有效利用，提高农产品的生产和供给能力。

（二）贸易壁垒

（1）关税壁垒：高额的进口关税会限制农产品的国际

贸易，影响农产品的供给和价格。

（2）非关税壁垒：卫生和植物检疫措施、技术标准等非关税壁垒也会阻碍农产品的贸易流通。

（3）贸易保护主义：一些国家采取贸易保护主义措施保护本国农业，限制农产品进口，这会影响全球农产品的供给和分配。

（三）解决措施

（1）加强国际合作机制：建立和完善国际农业合作机制，促进技术交流、粮食援助和投资合作。

（2）推动贸易自由化：通过多边贸易谈判和区域经济合作降低贸易壁垒，促进农产品的自由贸易。

（3）完善国际规则：完善国际贸易规则，确保贸易措施的透明性和公平性，防止贸易壁垒的滥用。

（4）提升国内农业竞争力：加强国内农业的技术创新和产业升级，提高国内农产品的竞争力，减少对贸易保护措施的依赖。

总之，农业国际合作和贸易壁垒对农产品供给安全具有重要影响。通过加强国际合作、推动贸易自由化、完善国际规则和提升国内农业竞争力等措施，可以促进农产品的国际贸易，保障全球农产品供给安全。

第四节 农产品供给安全问题解决建议

以下是针对前述农产品供给安全问题的具体解决措施：

一、加强资源和环境保护

加强资源环境保护可以首先通过实施轮作休耕和有机耕作等可持续农业生产方式，减少对化肥和农药的依赖，保护土壤健康。其次，开展水资源保护和节水灌溉技术推广，提高水资源利用效率，减少农业对水资源的压力。最后，加强农业面源污染控制，减少农业生产对环境的影响，保护生态环境。具体措施如下：

（1）推广可持续农业：采用节水灌溉技术、有机农业、生态农业等可持续农业实践，减少资源消耗和环境污染。

（2）加强资源管理：合理规划水资源和土地资源的使用，实施水土保持和植树造林等措施，保护自然资源。

（3）减少化学品使用：推广生物农药和有机肥料，减少化学农药和化肥的使用，降低化学污染。

（4）提高环保意识：加强农民的环保教育和培训，提高他们对可持续农业和环境保护的认识。

总之，农产品供给安全中的资源和环境压力问题需要通过可持续农业实践、有效的资源管理和环境保护措施来加以解决，以实现农业生产的可持续发展和对生态环境的保护。

二、积极应对气候变化

应对气候变化以保障农产品供给安全是一个复杂的挑战，需要采取多方面的策略和措施：

（一）强化农业研究和技术创新

研发耐逆境作物品种：培育耐旱、耐涝、耐热、抗病虫的作物品种，提高作物的适应性和抗风险能力。

推广先进农业技术：采用节水灌溉、精准农业、保护性耕作等技术，提高资源利用效率，降低气候变化的负面影响。

（二）加强气候监测和预警系统

建立气候监测网络：加强气候变化监测和研究，及时掌握气候变化趋势和影响。

完善预警系统：建立有效的气候灾害预警系统，提前预测和预警干旱、洪涝、热浪等极端天气事件，减少灾害损失。

（三）促进农业多样化种植和实施轮作、间作制度

多样化种植：鼓励种植多样化的作物，降低单一作物

受气候变化影响的风险。

实施轮作和间作：采用轮作和间作制度，提高土壤肥力，减少病虫害，增强农业系统的抗风险能力。

（四）加强农业保险和风险管理

发展农业保险：推广农业保险，特别是政策性农业保险，为农民提供风险保障，减少气候变化带来的经济损失。

完善风险管理机制：建立多层次的农业风险管理体系，包括政府救灾、社会救助、商业保险等，提高农业抵御风险的能力。

（五）提升农民的适应能力和提供政府支持

加强农民培训：通过农业技术培训和气候变化适应知识普及，提高农民的气候变化适应能力和风险管理意识。

提供政策支持和资金援助：政府和相关机构应提供政策和财政支持，帮助农民采取能适应气候变化的措施，减轻经济负担。

总之，应对气候变化保障农产品供给安全需要政府、企业、研究机构和农民等多方共同努力，采取综合性措施，增强农业系统的韧性和适应能力。

三、提高农产品质量和安全水平

提高农产品质量和安全首先需要加强农产品质量安全

监管，建立健全农产品质量安全监测体系，严格执行农产品质量安全标准。其次，要开展农产品质量安全宣传和教育，提高农民对农产品质量安全的认识和责任意识。最后，鼓励农民采用安全、环保的农业生产方式，减少农产品中有害物质的残留。具体措施如下。

（1）加强监管和检测：加强农产品生产、加工、流通各环节的监管，定期进行农产品质量和安全检测。

（2）推广绿色生产方式：推广有机农业、生态农业等绿色生产方式，减少化学农药和化肥的使用，降低农产品污染风险。

（3）提高农民素质和技能：通过教育和培训提高农民的环保意识和生产技能，指导他们采用科学合理的生产方法。

（4）加强食品安全宣传和教育：提高消费者对食品安全的认识，引导消费者选择安全、健康的农产品。

（5）完善法律法规：建立健全农产品质量和安全的法律法规体系，严格处罚违法行为，保护消费者权益。

总之，农产品质量和安全问题是保障农产品供给安全的重要内容。通过加强监管、推广绿色生产、提高农民素质、加强宣传教育和完善法律法规等措施，可以有效提高农产品的质量和安全水平，保障公众健康。

四、推进农业科技创新

推进农业科技创新可以从以下几个方面着手进行：

（1）加大对农业科技研发的投入，支持农业科技创新项目，促进农业科技成果的转化应用。

（2）推广现代农业技术，如精准农业、智能农业等，提高农业生产的效率和精准度。

（3）建立农业科技创新和推广体系，加强农业科技人才培养，提升农业科技水平。

（4）加强农业科技人才的培养和引进，建立专业的科研团队，提升农业科技创新能力。

（5）鼓励科研机构与农业企业合作，促进农业科技成果的产业化和商业化。

（6）完善相关政策和法律体系，为农业科技创新提供良好的政策和法律环境。

总之，农业科技创新对于提高农业生产效率、保障农产品供给安全、促进可持续发展具有重要作用。加强农业科技创新，推广先进技术，培养科技人才，是解决农业科技创新不足问题的关键途径。

五、完善农业保险体系

通过农业保险体系保障农产品供给安全主要涉及以下

几个方面：

（一）扩大保险覆盖范围

覆盖更多农作物和养殖品种：将更多的农作物和养殖品种纳入保险覆盖范围，特别是那些对气候变化敏感的作物和养殖业。

增加参保农户：鼓励更多的农户参加农业保险，提高保险的普及率。

（二）优化保险产品设计

开发多样化的保险产品：根据不同地区、不同作物的风险特点，设计多样化的保险产品，如收入保险、价格保险、指数保险等。

提高保险保障水平：确保保险赔付能够弥补农民的实际损失，提高农民的风险保障水平。

（三）加强政府支持

提供财政补贴：政府提供保费补贴，降低农民的保险成本，鼓励农民参保。

完善政策法规：制定和完善相关的政策法规，为农业保险的发展提供法律保障。

（四）提升保险服务质量

加强风险评估和管理：利用先进技术进行风险评估和管理，提高保险精算的准确性。

提高赔付效率：简化赔付流程，提高赔付效率，确保农民能够及时获得赔偿。

（五）加强农民教育和宣传

提高农民对保险的认识：通过宣传和教育，提高农民对农业保险的认识和理解，增强农民的保险意识。

提供技术指导：结合农业保险服务，为农民提供技术指导和咨询，帮助农民采取有效的风险管理措施。

通过上述措施，完善农业保险体系可以有效地帮助农民应对自然灾害和市场风险，减少农业生产的不确定性，保障农产品的稳定供给，促进农业的可持续发展。

六、稳定农产品市场和价格

稳定农产品市场和价格，保障农产品供给安全，需要采取综合性措施，主要包括以下几个方面：

（一）建立和完善市场监测预警系统

及时监测市场动态：建立全国性和地区性的农产品市场监测系统，实时跟踪农产品的供需状况、价格波动、库存情况等。

完善价格预警机制：根据市场监测数据，建立价格预警机制，及时发现市场异常波动，采取措施应对。

（二）加强农产品储备和调控能力

建立国家和地方储备：建立国家和地方农产品储备体

系，对重要农产品进行储备，以应对市场供应不足或价格过度波动的情况。

合理调控市场供应：在市场供需失衡时，通过投放储备、调节进出口等手段，及时调控市场供应，稳定市场价格。

（三）促进农产品流通和销售

改善农产品物流体系：建设和完善农产品物流体系，降低流通成本，提高流通效率。

支持农产品电商发展：鼓励和支持农产品电子商务发展，拓宽农产品销售渠道，提高市场销售能力。

（四）实施市场价格干预和补贴政策

实施最低收购价政策：对于关键农产品实施最低收购价政策，保障农民收入，稳定生产积极性。

提供价格补贴：当市场价格过低时，向农民提供价格补贴，减少农民损失。

（五）发展农业保险和风险管理

推广农业保险：发展和推广农业保险，特别是价格保险、收入保险等，为农民提供风险保障。

加强农业风险管理：提升农民的风险管理能力，引导农民合理规划生产和销售，降低市场风险。

（六）促进农业科技进步和生产效率提升

推广先进农业技术：推广节水灌溉、精准农业等先进技术，提高农业生产效率，保障农产品的稳定产出。

培育优良品种：研发和推广高产、优质、抗逆的农作物品种，提高单产和品质，增强市场竞争力。

通过上述措施，可以有效地稳定农产品市场和价格，保障农产品的稳定供给，维护农民利益，促进农业可持续发展。

七、加强国际农业合作

加强国际农业合作保障农产品供给安全可以采取以下措施：

（一）加强农业贸易合作

促进农产品贸易自由化：通过多边或双边协议，降低农产品贸易壁垒，促进农产品的自由流通。

建立稳定的贸易伙伴关系：与主要的农产品进口国和出口国建立长期稳定的贸易伙伴关系，确保农产品供应的稳定性。

（二）开展农业技术合作

技术交流与转让：与其他国家进行农业技术的交流和转让，引进先进的农业生产技术和管理经验。

共同研发新技术：与国际研究机构和企业合作，共同开展农业科技的研发，提升农业生产效率和可持续性。

（三）参与国际农业组织和倡议

加入国际农业组织：积极参与联合国粮食及农业组织（FAO）等国际农业组织，共同推动全球农业发展和粮食安全。

参与国际农业倡议：参与全球粮食安全倡议、国际农业研究协作等项目，共同应对全球农业挑战。

（四）促进农业投资与合作

鼓励对外农业投资：支持本国企业在海外进行农业投资和合作，拓宽农产品生产基地和供应链。

吸引外国农业投资：吸引外国投资，引入资金和技术，提升本国农业生产能力。

（五）加强国际农业风险管理

建立国际风险分散机制：通过国际保险、期货市场等手段，分散农业生产和市场风险。

加强国际应急协调：在遇到自然灾害、疫情等突发事件时，加强国际间的应急协调和合作，共同应对农产品供给安全风险。

通过上述措施，加强国际农业合作有助于提升农业生产效率，拓宽农产品供应渠道，增强应对风险的能力，从而更有效地保障农产品供给安全。

第四章

农产品供给安全的影响因素和农业保险的多维效益研究

第一节 农产品供给安全的影响因素

一、自然因素

（1）气候条件：气候对农业生产具有决定性影响。适宜的气候条件有利于农作物的生长，而极端天气事件如干旱、洪水、冰雹等会对农作物造成损害，降低农作物产量。气候变化导致的温度升高、降水模式变化等长期影响也会给农业生产带来挑战。

（2）土壤质量：土壤是农作物生长的基础，土壤质量的好坏直接影响农作物的产量和质量。土壤退化、盐碱化、土壤侵蚀等问题会降低土壤质量和农业生产力，影响农产品供给。

二、技术因素

（1）农业技术：先进的农业技术能够提高农作物的产量和抗逆性，减少病虫害的影响，提高农业生产效率。种植技术、灌溉技术、病虫害防治技术等都是影响农产品供给的重要因素。

（2）科技创新：科技创新在农业领域的应用可以提高

农业生产的可持续性和适应性，如转基因技术、智能农业技术等，有助于提高农产品的产量和质量，保障农产品供给安全。

三、经济因素

（1）市场需求：市场的需求结构和对农产品的需求量会影响农业生产的方向和规模。随着人口的增长和消费习惯的变化，市场对某些农产品的需求可能会增加，促使农民增加相应农作物的种植面积。

（2）价格波动：农产品价格的波动会影响农民的种植决策和收入水平。价格上涨时，农民可能会增加种植面积以获取更高收益；而价格下跌时，农民可能会减少种植面积或转向其他作物，这会影响农产品的供给。

四、社会因素

（1）人口变动：人口增长会增加社会对食物的需求，城市化进程会影响农业劳动力的供给和农地的使用，这些社会变动都会对农产品供给产生影响。

（2）政策支持：政府对农业的政策支持对农产品供给具有重要影响。政府的补贴、税收优惠、技术支持等政策可以激励农民增加农业投入，提高农业生产效率，从而增加农产品的供给。

五、资源与环境因素

（1）资源消耗：农业生产对水资源、土地资源的消耗会影响这些资源的可持续性。水资源短缺、土地退化等问题会限制农业生产的规模和效率，降低农产品的供给能力。

（2）环境污染：环境污染如水体污染、土壤污染会影响农产品的质量和安全，降低农产品的供给能力。此外，农业生产本身也可能造成环境污染，如过度使用化肥和农药导致的水体富营养化，因此需要通过可持续的农业实践来减少农业生产对环境的负面影响。

第二节　农业保险的多维效益

农业保险作为一种重要的风险管理工具，在保障农产品供给安全方面发挥着重要作用。

一、提高农民的抗风险能力

农业保险为农民提供了一种有效的风险管理手段，帮助农民应对自然灾害和市场风险。当农业生产受到干旱、洪水、病虫害等自然灾害的影响时，农业保险可以提供经济补偿，减少农民的经济损失。在灾害发生后，农业保险的赔偿可以帮助农民尽快恢复生产，减少灾害对农业生产的长期影响，保障农产品的稳定供给。

提高农民的抗风险能力是保障农产品供给安全的关键，可以采取以下几个方面的策略：

（一）增强农业技术培训和知识普及

提供技术培训：定期为农民提供农业技术培训，包括耕种技术、病虫害防治、灾害预防和应对等，提高农民的农业技术水平。

普及现代农业知识：通过农业科普活动、农技推广等方式，普及现代农业知识，提升农民的科学种植意识。

（二）发展农业保险

推广农业保险：鼓励农民参加农业保险，特别是针对自然灾害和价格波动的保险，帮助农民分散风险、减轻损失。

完善保险制度：完善农业保险制度，提供更多种类的保险产品，满足不同农民的需求。

（三）增强农业基础设施建设

改善灌溉设施：加强农田水利设施建设，提高灌溉效率和抗旱能力。

完善防灾设施：建设和完善防洪、防旱、防风、防冻等农业防灾设施，减少自然灾害的影响。

（四）促进农业多样化发展

发展多元化种植：鼓励农民种植多种作物，实行轮作和间作种植方式，降低单一作物受灾风险。

发展特色农业：支持农民发展特色农业、生态农业等，提高农业的市场竞争力和抗风险能力。

（五）加强农业信息服务

提供市场信息：建立农产品市场信息服务系统，及时提供市场价格、供求信息，帮助农民做出合理的生产和销售决策。

建立预警机制：建立农业灾害预警机制，及时向农民发布灾害预警信息，指导农民采取应对措施。

通过上述措施，可以有效提高农民的抗风险能力，减少自然灾害和市场波动对农业生产的影响，保障农产品的稳定供给。

二、激励农民增加投入和提高生产效率

农业保险降低了农业生产的风险，增强了农民的安全感，使农民更愿意投资于农业生产，如购买更好的种子、肥料和农业机械，采用更先进的农业技术等。通过提高农业生产效率和产量，农业保险间接促进了农产品供给的增加，满足了市场对农产品的需求。

想要激励农民增加投入和提高生产效率来保障农产品供给安全，可以采取以下几个方面的策略：

（一）提供财政支持和补贴

提供生产补贴：对种植、养殖等农业生产活动提供财政补贴，鼓励农民增加投入。

补贴农业投入品：对种子、肥料、农药等农业投入品提供补贴，降低农民的生产成本。

（二）实施农业科技推广

推广先进农业技术：通过农技推广服务，将先进的农业技术传授给农民，提高农业生产效率。

支持农业科研成果转化：鼓励和支持农业科研成果在农业生产中的应用，提高农业技术水平。

（三）加强农业金融服务

提供农业贷款：通过农业银行等金融机构为农民提供低息贷款，支持农民增加生产投入。

发展农业保险：发展农业保险，降低农业生产风险，增强农民的投资信心。

（四）优化农业生产条件

改善农业基础设施：加强农田水利建设、交通运输设施等农业基础设施的建设和维护，提高农业生产条件。

完善土地管理政策：优化土地管理政策，保障农民的土地使用权，鼓励农民合理利用土地资源。

（五）强化市场导向和信息服务

提供市场信息：建立农产品市场信息服务系统，为农民提供准确的市场价格和需求信息，指导农民合理安排生产。

建立和完善农产品销售渠道：支持农民建立和完善农产品销售渠道，提高农产品的市场竞争力。

通过上述措施，可以有效激励农民增加投入和提高生产效率，保障农产品的稳定供给，促进农业的可持续发展。

三、促进农业可持续发展

农业保险可以鼓励农民采用可持续的农业生产方式，减少对环境的负面影响。例如，保险公司可能为采用环保农业技术的农民提供更优惠的保险条款。可持续的农业生产有助于保护农业资源，如土壤和水资源，从而保障长期的农产品供给安全。促进农业可持续发展对保障农产品供给安全至关重要。以下是实现这一目标的关键措施：

（一）推广可持续农业实践

发展生态农业：推广有机农业、生态农业等可持续农业模式，减少化肥和农药的使用，保护农业生态环境。

实施节水灌溉：采用滴灌、喷灌等节水灌溉技术，提高水资源利用效率，保障农业用水安全。

（二）加强农业科技创新和推广

推动农业科技进步：加大对农业科技研究的投入，开发能适应气候变化、能提高资源利用效率的新技术、新品种。

加强农技推广服务：建立健全农技推广体系，将先进的农业技术和管理方法传授给农民，提升农业生产水平。

（三）完善农产品市场体系

建立稳定的供销渠道：完善农产品流通体系，建立稳定的供销渠道，减少农产品流通环节中的损失。

发展农产品加工业：鼓励发展农产品深加工和农副产品利用，提高农产品附加值，增加农民收入。

（四）加强土地和水资源管理

保护耕地资源：实施耕地保护政策，严格控制非农建设占用耕地，保障耕地数量和质量。

合理利用水资源：加强水资源管理，实施水资源节约和保护措施，保障农业用水需求。

（五）增强农业灾害防御能力

加强农业防灾减灾建设：建立和完善农业防灾减灾体系，提高农业抵御自然灾害的能力。

发展农业保险：推广农业保险，特别是针对自然灾害的保险，为农民提供风险保障，减轻灾害损失。

通过上述措施，可以有效促进农业的可持续发展，提高农业生产的稳定性和效率，保障农产品的稳定供给，实现农业生产与环境保护的和谐共生。

四、稳定农村经济和社会

农业保险能保障农民收入，有助于稳定农村经济，减少因灾害或市场风险导致的农民贫困和社会不稳定。农村经济的稳定有利于维持农业生产的稳定性和连续性，进而保障农产品供给的安全。

若要通过稳定农村经济和社会来保障农产品供给安全，可以采取以下措施：

（一）提高农民收入

增加农业投入：提高对农业的投资，支持农业技术改进，提升农业生产效率，增加农民的生产收入。

发展多元经济：鼓励农民发展种植业、养殖业、农产品加工业等多元化经营，增加农民的非农收入。

（二）改善农村基础设施和公共服务

改善交通设施：加强农村道路建设，提高交通便利性，降低农产品流通成本。

改善公共服务：提高农村教育、医疗、供水、供电等公共服务水平，改善农民的生活条件。

（三）加强农村社会治理

维护农村秩序：加强农村法治建设，维护农村社会的稳定和公平正义。

促进社会和谐：加强农村精神文明建设，促进邻里和睦，增强农村社区凝聚力。

（四）提升农业风险管理能力

发展农业保险：推广农业保险，降低农业生产风险，增强农民抵御自然灾害和市场波动的能力。

建立农业应急机制：建立农业生产和市场应急机制，使农民可以及时应对自然灾害、疫情等突发事件，保障农产品供给。

（五）加强农村人力资源开发

提高农民技能培训：加强农民技能培训和职业教育，提升农民的劳动技能和就业能力。

鼓励农民就业创业：提供就业指导和创业支持，鼓励农民外出务工或在本地创业，增加收入来源。

通过以上措施，可以有效稳定农村经济和社会，提高农民的生产积极性和抗风险能力，从而保障农产品的稳定供给。

五、促进农业金融发展

农业保险降低了农业生产的风险，使得金融机构更愿意为农业生产提供贷款和信贷支持。农业金融的发展有助于增加农业投资,提高农业生产效率,从而促进农产品供给的增加。

通过促进农业金融发展保障农产品供给安全,可以采取以下措施:

(一)加强农业金融体系建设

设立农业银行和信用社:建立和完善专门服务农业和农村的金融机构,提供针对农业的金融服务。

发展农村合作金融:鼓励和支持农村信用合作社、农民合作社等农村合作金融组织的发展,增强农村金融服务能力。

(二)提供农业贷款和信贷支持

增加农业信贷投放:提高农业贷款比例,增加对农业生产和农村经济发展的信贷支持。

优化农业贷款政策:降低农业贷款利率,延长贷款期限,简化贷款手续,降低农民的融资成本。

(三)发展多元化的农业金融产品

发展和完善农业保险:发展和完善农业保险产品,为农民提供风险保障,减少自然灾害和市场波动对农业生产的影响。

创新农业金融产品:推出仓单质押、农产品期货、农业收益权等新型农业金融产品,满足农民多样化的金融需求。

（四）加强农村金融服务网络建设

扩大农村金融服务覆盖：增设农村金融服务网点，特别是在偏远农村地区，以提高金融服务的可及性。

利用科技手段拓宽金融服务渠道：运用移动支付、互联网金融等科技手段，提供便捷的线上金融服务，拓宽农民获得金融服务的渠道。

（五）加强农业金融监管和风险管理

加强金融监管：加强对农业金融机构和产品的监管，确保农业金融市场的稳定和健康发展。

完善风险管理机制：建立健全农业金融风险评估和防控机制，防范金融风险，保护农民利益。

通过以上措施，可以有效促进农业金融发展，为农业生产提供充足的资金支持，降低农业生产风险，提高农业生产效率和稳定性，从而保障农产品的稳定供给。

综上所述，农业保险对农产品供给安全具有积极的影响，农业保险可以提高农民的抗风险能力、激励农民增加投入和提高生产效率、促进农业可持续发展、稳定农村经济和社会以及促进农业金融发展，有助于保障农产品的稳定供给和质量安全。

第五章

农业保险对农产品供给安全的作用

——以河南省驻马店市泌阳县小麦收入保险为例

第一节　新型农业经营主体小麦收入保险潜在需求分析

2007 年，中国在 6 个省开始首批政策性农业保险试点，目前已将政策性农业保险制度覆盖范围推至全国所有省市。虽然中国农业保险保障水平普遍较低，仅保障农业生产中的直接物化成本，但仍然有效发挥了防止农户因灾返贫、稳定农户收入的基本功能；增加了农民福利，在很大程度上起到了分散风险和补偿损失的作用，并且促进了农业生产效率提高，农业保险成为中国农业安全网的重要组成部分。其中，小麦种植保险是大多数地区农业保险试点中优先实施的险种之一。

在新型农业经营主体蓬勃发展的大背景下，虽然传统小农户还是中国小麦的主要生产者，但是新型农业经营主体也逐渐成为小麦生产供给结构中的重要组成部分。在新型农业经营主体市场化、集约化的经营方式下，小麦的生产供给面临着更多相对巨大的自然风险，更多相对集聚的市场风险，这些风险更需要农业保险制度给予有效保障。2024 年中央一号文件明确提出，要实现三大主粮作物完全成本保险和种植收入保险政策全国覆盖。首先，完全成本保险政策使得所有三大主粮作物的种粮农民的风险保障有了进一步提升。其次，种植收入保险政策为农户提供了更广的保险责任范围，使得农民的种粮收益有了稳定的预期，有助于激发和提高农民的种粮积极性。完全成本保险保障的是产量风险，除此之外，农户还面临粮食价格波动风险。各种因素造成的粮食生产不确定性，导致国际和国内市场粮食的价格出现较大波动，农民种粮风险增加。而上述政策使得种植收入保险的保障范围也在同步扩大，农民因自然和市场两方面风险导致的潜在损失都有了相应的保险补偿机制，种粮基本收益得到了全面保障。农业保险以小农户为保障和服务对象，现阶段农业保险与农户的实际需求仍有相当的差距，尤其是中国农业保险保障水平可能远远低于农民的实际生产成本，面对经营方式和经营风险的转变，新型农业经营主体小麦生产过程中的风险保障需求可能发生了改变。

针对新型农业经营主体在小麦生产中面临的农业风险的新形势，以及对农业保险的新要求，需要从风险管理的需求方角度，对新型农业经营主体进行更加客观地研究。根据上述对小麦保险制度评价的理论分析可知，新型农业经营主体对小麦保险的保障能力具有更高的要求，传统农业保险面对现代农业中的风险，可能难以有效发挥保障新型农业经营主体收入稳定的作用。因此，本章将通过对河南省新型农业经营主体的调查和实证，研究农业保险对保障农产品供给安全的影响。

一、理论分析

随着农地流转制度在全国的平稳推行，以规模化、现代化为特征的新型农业经营主体也得到快速发展，中国农业经营主体结构由过去全部为小农户，分化为小农户和多种新型农业经营主体并存的局面。由于经营模式的改变，新型农业经营主体与传统小农户相比，面临的风险具有较大的差异。

首先，新型农业经营主体更易遭受自然风险冲击。小麦生长对自然条件的依赖，决定了无论采取何种经营方式，都无法避免自然风险对小麦生产的影响。传统小农户经营分散，可以通过兼业等收入多元化手段有效缓解小麦产量损失对家庭收入的冲击；然而，由于规模化、专业化的特点，新型农业经营主体遭受灾害后发生巨大损失的可能性更大，且单一的收入结构决定了其收入更加依赖于小麦生产成果，因此受到自然风险的影响更大。

其次，新型农业经营主体面临的市场风险更为集中。随着粮食价格形成机制市场化改革的不断推进，市场机制在粮食供需中日益发挥重要作用，小麦生产的市场风险日趋凸显。新型农业经营主体种植小麦的目的在于商品化出售并获取利润，其市场参与度较高，生产资料价格变动、小麦价格波动、销售渠道不稳定等市场风险都会对新型农业经营主体的收入产生较大影响；而小规模生产的传统小农户的主要目的在于满足其口粮需求，商品化程度相对较低，因此家庭收入受市场风险影响较小。

最后，新型农业经营主体面临更多非传统风险。传统小规模小麦生产一般只受到自然风险威胁，而经营主体的分化使更多的资源和技术可以投入到规模化经营的小麦生产之中，新型农业经营主体因此面临更多传统小农户很少面临的风险：一是新型农业经营主体在引入农业技术时，往往会带来新技术适用性以及外部性方面的风险，新型农业经营主体通常更愿意接受新品种和新技术，以提高小麦产量和增加利润，这对使用技术的经营主体的知识和素质提出了更高要求，而农业新技术一般有其使用的局限性，应用新技术产生的效益，需要视技术应用的对象、自然条件或市场状况而定，任何要素的变化都有可能影响技术应用的结果；农业科技成果一般也容易产生正外部性，当农业生产中某一项技术被大多数人使用时，可能会使该技术效应发生逆向转化。二是随着现代农业的发展和农业产业链的逐步形成，小麦生产及供需参与者的行为会带来社会风险，作为小麦产业链中的重要参与主体，新型农业经营主体之间、新型农业经营主体与传统小农户之间以及新型农业经营主体与小麦销售对象之间的联系都会不断增强，其中任何一方主体的行为都会直接影响其他主体，也会受到其他主体行为的影响。

二、小麦保险需求分析

在农业经营主体分化伴随农业生产风险分化的背景下，农业保险随着农业现代化发展在粮食生产中所发挥的作用越来越重要，农业保险作为提高国家粮食安全、分散农业生产经营风险的重要工具，受到政府和农户的高度关注。然而，由于经营主体分化对经营方式的改变，不同农户面临的风险存在较大差异，应对风险所采取的风险管理措施也有着不同的选择偏好。小麦保险产生于新型农业经营主体快速发展壮大，同时传统小农户又普遍存在的时代背景下，异质性经营主体的保险需求呈现出巨大差异性。传统小农户一般通过多元化的经营方式分散小麦经营风险。小农户经营的多元化主要表现在农业生产的多元化和家庭收入的多元化两个方面。农业生产的多元化是指，农户通常选择相对安全成熟的品种和技术，采取与小麦间作套种等多样化的生产经营方式来降低农业收入风险的发生概率。由于传统小农户的小麦种植规模较小，面临的风险也较为单一，多以自然风险为主，当发生自然风险事故且农作物产量损失未超过传统小农户承受范围时，以丰补歉、损失自担等"收入平滑"手段是小农户分散小麦损失对家庭影响的主要手段；当损失超过传统小农户承受范围时，政府救济和亲友借贷是传统小农户较多采用的弥补损失的方法。家庭收入的多元化是指通过家庭成员兼业非农工作，使小麦收入在其家庭总收入中所占比重降低，小麦收入在农户经济收入中重要性的下降，意味着小麦生产风险不会对农户的生产经营和家庭生活造成太大影响。因此，多元化经营基本的风险分散功能使得传统小农户对小麦保险保障责任范围和保障水平的要求较低，对小麦保险的需求也不高。

新型农业经营主体对小麦保险的需求与传统小农户存在本质差异。对于新型农业经营主体而言，大部分传统的、非正规的风险分散方式并不可行。新型农业经营主体为追求利润最大化，对新品种和新技术往往报以积极的态度，大规模、专业化的经营方式也不允许新型农业经营主体通过多样化、差异化的分散经营来规避小麦经营风险对收入的冲击。当风险事故发生时，以丰补歉、政府救济以及亲友借贷等传统方式难以完全弥补大规模的风险损失，所以新型农业经营主体本身的风险特点决定了其对小麦保险有较高的需求。与传统小农户相比，新型农业经营主体小麦生产的投入和产出也存在明显差异，因此形成了不同的风险预期、收益预期和保障预期，对小麦保险的认知和需求上也不同于传统小农户：一方面，相较于传统小农户，新型农业经营主体的生产投入成本增加、面临的市场风险增多，出于获取利润和规避风险的权衡，对小麦保险分散价格波动风险的能力普遍要求较高；另一方面，新型农业经营主体农业收入在其总收入中所占比重大，农业收入对其家庭收入波动的影响较强，对小麦保险稳定农业收入的要求也相对较高。

根据上文的分析，本章提出两个研究假说。假说 1：新型农业经营主体较传统小农户对市场风险更敏感，对收入保障型保险产品具有更大的潜在需求。假说 2：小麦经营在收入中的重要程度、对小麦市场风险的感知显著影响新型农业经营主体的收入保障需求。

第二节　小麦保险的经营现状

一、调查方法与数据来源

本章研究数据主要来自对河南省驻马店市泌阳县的田野调查，虽然研究对象为新型农业经营主体对保险的需求特征，但作为对照，研究也将传统小农户作为对照组纳入调查范围，通过入户问卷调查的形式获取不同小麦经营主体生产风险和小麦保险需求的真实情况。问卷设计从基本信息、农业风险、保险需求、保险评价等四个方面对样本农户进行询问。其中，针对传统小麦种植保险的评价，主要从保险产品评价和保险服务评价两个方面对小麦保险满足小麦种植户需求的情况进行考察，通过新型农业经营主体对传统小麦种植保险的评价体现其保险需求特征。

（1）新型农业经营主体对小麦保险产品评价。本部分从参保成本、保障水平和风险覆盖三个角度考察小麦保险的保障效果。首先，从参保成本来看，不同类型小麦种植户的支付能力不同，保费缴纳金额不仅影响农户的参保意愿，而且也影响农户对赔偿的预期。其次，从保障水平的角度分析，保险稳定收入能力直接影响小麦保险的风险分散效果，保险金额对小麦经营收入的风险覆盖程度，决定了灾后农户能否恢复再生产并获得预期收益。最后，从风险覆盖的角度考虑，保险对大灾损失的补偿能力，决定了农户是否会受极端情况影响而破产；不同小麦种植户承受的风险种类也存在差异，单一的保险责任难以满足所有人的需求，保险条款灵活性越高，风险责任范围越广，小麦种植户越容易获取相应保障。

（2）新型农业经营主体对小麦保险服务评价。本部分从保前服务和保后服务两个角度考察小麦保险的保障效果。保前服务方面，参保程序的复杂程度直接决定了小麦保险的可获得性，过于复杂的参保程序会消磨农户的参保意愿；保险合同上的条款通常专业性较强，如果小麦种植户存在风险管理需求的异质性，农户对保险条款的理解程度会对赔付预期和灾后理赔矛盾发生的可能性造成影响；此外，保险服务网点的分布距离，也决定了异质性农户参与小麦保险的可得性及参保成本。保后服务方面，不同小麦种植户对小麦保险弥补损失的及时性要求不同，索赔时需提供的单证资料数量、小麦保险的定损和赔偿速度，决定了农户恢复再生产的能力和时间，异质性经营主体会针对自身恢复再生产紧迫性的要求，对小麦保险的理赔程序给予不同的评价。

河南省作为 2007 年政策性农业保险中央财政保费补贴首批试点的 6 个省份之一，农业保险运作经验丰富，其小麦种植保险作为第一批试点险种，持续运行已有十余年。河南省区域经济发展不平衡，经济结构存在差异性，农村土地经营权流转规模较大，小麦种植户经营规模已出现分化，新型农业经营主体发展迅速，与传统小农户大量共存。因此，本次田野调查选取河南省驻马店市泌阳县下面 6 个乡镇进行调查，调研对象为已经参加小麦种植保险并获得过赔付的小麦种植户。调查共发放调研问卷 3 500 份，收回问卷样本 3 160 份，整理获得有效问卷 2 301 份，有效率为 65.74%；其中新型农业经营主体 997 份，占

43.33%，小农户 1 304 份，占 56.67%，如表 5.1 所示。

表 5.1　问卷调查覆盖地区及样本分布情况　单位：户

地区	样本数量	
	新型农业经营主体	传统小农户
官庄	63	86
羊册	50	61
郭集	94	114
王店	233	276
马谷田	376	371
赊湾	181	396

二、河南省小麦保险运行概况

河南省是中国中部地区小麦种植和生产大省，小麦种植保险成为河南省首批实施的种植业险种。

河南省小麦种植保险主要承担的保险责任包括气象灾害（暴雨、洪水、内涝、风灾、雹灾、冻灾、旱灾）、地质灾害（地震、泥石流、山体滑坡）和病虫草鼠害。保险金额参照保险小麦生长期内所发生的直接物化成本（包括种子、化肥、农药、灌溉、机耕和地膜成本），每亩（1 亩≈666.67 平方米）保险金额分为 400 元、550 元和 700 元三个档次。对于不同生长期的小麦，保险赔偿标准存在差异，小麦移栽成活期到分蘖期为保险金额的 40%，拔节期到抽穗期为 70%，扬花灌浆期到成熟期为 100%，其本质是一种保障水平较低的小麦产量保险（仅保障直接物化成本）。小麦种植保险费率为4%，为提高农户参保积极性，中央、省、市（县）各级财政保费补贴比例超70%以上，即农户如果选择700元这一档保险，每亩地仅需支付不到8.4元的保费。在河南省种植业政策性险种积极推进措施下，小麦种植保险全省覆盖率接近100%，为河南省小麦生产发挥了重要保障作用。

三、样本描述性分析

（一）样本农户特征分析

如表5.2所示，样本农户绝大部分为男性，年龄以40(含)~60岁为主，新型农业经营主体的年龄较传统小农户年轻；文化程度以中学为主，新型农业经营主体整体文化程度较传统小农户高；家庭农业劳动力以2人为主，超过半数的新型农业经营主体家庭农业劳动力在2人以上，比例大于传统小农户；农业生产年限方面，新型农业经营主体整体短于传统小农户。

表 5.2　小麦种植户基本结构特征

项目	分类	比例/%	
		新型农业经营主体	传统小农户
性别	男	96.16	92.92
	女	3.84	7.08

表5.2(续)

项目	分类	比例/%	
		新型农业经营主体	传统小农户
年龄	40 岁以下	20.64	8.45
	40（含）~50 岁	40.95	38.31
	50（含）~60 岁	26.71	29.58
	60 岁以上	11.70	23.66
文化程度	小学及以下	12.91	26.61
	中学	77.15	66.82
	大学及以上	9.93	6.58
家庭农业劳动力	1 人	19.18	31.79
	2 人	55.52	53.84
	3~4 人	24.19	13.80
	5 人及以上	1.11	0.57
农业生产年限	1 年及以下	2.98	2.26
	2~5 年	33.12	11.68
	6 年及以上	63.91	86.06

新型农业经营主体的小麦种植面积与传统小农户之间存在明显分化，82.21%的新型农业经营主体种植面积大于100 亩，而传统小农户家庭小麦种植面积大多小于 1 亩。由于经营面积较大，完全依靠家庭成员难以满足小麦生产对劳动力的需求，因此 68.54%的新型农业经营主体至少长期雇佣 1 个外部劳动力。与传统小农户相比，样本中新

型农业经营主体家庭中农业劳动力比重相对更大，小麦经营收入占比相对更高。尤其需要注意的是，76.43%的新型农业经营主体家庭小麦经营收入占家庭总收入比重的50%以上，其中更有38.28%的家庭比重在80%以上；而传统小农户中，55.77%的家庭小麦经营收入占家庭总收入比重在20%以下，其收入来源主要为非农收入。这些特点反映了新型农业经营主体的小麦生产具有经营专业化特征，也说明小麦生产状况和经营风险可能会对新型农业经营主体的家庭收入存在较大影响（见表5.3）。

表5.3　小麦种植户生产行为特征

项目	分类	比例/%	
		新型农业经营主体	传统小农户
家庭农业收入比重	20%以下	4.43	55.77
	20%（含）~50%	19.14	32.38
	50%（含）~80%	38.15	9.18
	80%以上	38.28	2.67
长期雇工人数	无	31.46	87.73
	1~5人	43.18	10.24
	6~10人	15.14	1.32
	11人及以上	10.22	0.71

（二）样本农户对小麦经营风险的感知

从样本农户对小麦生产的风险感知情况来看，2019年至 2023 年小麦经营风险对河南省小麦生产的影响比较频繁，新型农业经营主体与传统小农户因自然灾害与价格波动造成较大收入损失的次数均集中于 1~2 次，平均两年左右发生一次；新型农业经营主体对风险的感知较传统小农户更为频繁，无论是自然风险还是市场风险，新型农业经营主体在"1~2 次"频数内的比例均高于传统小农户，说明新型农业经营主体对农业风险更为敏感。从风险事故带来的经济损失来看，新型农业经营主体的损失金额总体上明显高于传统小农户（见表 5.4）。

表 5.4　小麦种植户农业风险损失情况

变量	选项	比例/%	
		新型农业经营主体	传统小农户
近 5 年自然灾害损失次数	没有	3.26	15.75
	1~2 次	83.31	73.41
	3 次及以上	13.43	10.84
近 5 年价格波动损失次数	没有	4.93	12.67
	1~2 次	91.29	85.14
	3 次及以上	3.79	2.19
最大经济损失	1 万元以下	30.33	81.82
	1 万(含)~10 万元	53.92	16.25
	10 万(含)~50 万元	12.63	0.96
	50 万(含)~100 万元	2.83	0.68
	100 万元以上	0.29	0.28

如表5.5所示，不同地区新型农业经营主体对不同种类风险的感知与传统小农户相比也存在差异：①从不同种类的农业风险来看，小麦种植户认为病虫害、旱涝灾害、台风以及价格波动四类风险对小麦生产的影响较大，其中价格波动主要对新型农业经营主体存在较大影响；②从不同地区来看，羊册地区新型农业经营主体受到病虫害、台风以及价格波动这三类农业风险的影响要明显高于官庄和郭集地区；③从不同经营主体来看，新型农业经营主体感受到的风险事故影响普遍大于传统小农户，这一差异在价格波动风险的感知上最为明显。

表5.5　农户对小麦经营风险的感知情况

地区	经营主体	比例/%					
		病虫害	冰、霜冻	高温	旱涝灾害	台风	价格波动
官庄	新型农业经营主体	29.31	23.81	15.48	29.07	22.35	32.75
	小农户	26.77	12.94	10.28	36.11	31.15	13.90
羊册	新型农业经营主体	58.92	14.14	11.78	25.00	54.30	63.36
	小农户	45.02	24.07	12.00	32.11	47.48	30.53
郭集	新型农业经营主体	33.07	7.34	4.72	17.88	13.48	30.36
	小农户	10.66	1.65	2.72	5.96	0.48	0.47

（三）新型农业经营主体小麦保障需求

新型农业经营主体对小麦保险不同收入保障水平的评

价，满分为 4 分，其中，"1 分"表示保障太低，"2 分"表示保障偏低，"3 分"表示保障一般，"4 分"表示保障满意，以各新型农业经营主体在不同保险赔付弥补比例下的数量占总量的比例为权重，计算各新型农业经营主体在不同保险赔付弥补比例下的加权平均值，并除以 4 再乘以 100 得出调整后的加权平均值，如表 5.6 所示。

表 5.6　不同保险赔付弥补比例下评价加权平均值

经营主体种类	评价加权平均值（满分 100）				
	90%以上	71%~90%	51%~70%	31%~50%	30%及以下
种植大户	100	—	92.25	68.75	46.5
家庭农场	87.5	—	84.5	75	45.75
合作社	—	91.75	75	70.5	64.5
农业龙头企业	—	62.5	89.25	62.5	60.75

根据对样本特征的描述可知，新型农业经营主体在小麦生产特征以及经营风险特征方面，与传统小农户之间存在较大差异：新型农业经营主体无论经营面积、农业收入对家庭收入的影响以及面临的经营风险都要大于传统小农户，其中市场风险对新型农业经营主体家庭收入的影响远高于传统小农户。同时，新型农业经营主体对小麦保险的收入保障水平要求也较高，需要保险具有基本的收入保障能力。

第三节 农业保险对粮食供给安全的作用实证分析

由于影响农村粮食供给安全的因素很多，这些因素之间相互联系、相互交叉，在某种意义上加剧了分析风险路径的难度。近年来随着土地流转越来越普遍，也出现了很多新型农业经营主体，因此，本节将在对农地流转风险分析的基础上，利用土地流转和粮食生产及农业保险的相关数据，运用逐步回归分析方法进行模型构建，识别农村土地流转风险对粮食产量的影响，为后期从农业保险功能视角提出保障粮食安全对策奠定基础。

一、研究假说

立足于农业保险视角，研究农村土地流转的不同风险对粮食生产安全的不同影响，本书提出了五个基本假说：

（一）社会稳定风险对粮食安全有影响

鉴于前文的分析，农村土地流转所产生的社会稳定风险即农村土地流转引发流转主体多方利益不平衡，以致纠纷事件频发，这在一定程度上影响各方的种粮积极性，令粮食生产动力不足。

（二）农业经营风险对粮食生产有影响

农村土地流转过后，流转方一般都是种粮大户、专业合作社、社会工商企业，其特点就是规模化生产。规模化生产前期在许多方面需要高额的投入，如农机设备、水利灌溉设施、种子以及可能增长的农村土地流转租金。在生产经营过程中则需要家庭用工折价、雇工费用等人工费用以及农药化肥、农膜等物质生产成本。在粮食成熟期流转受让主体得面对市场价格风险，一旦入不敷出，流转受让主体可能会毁约弃耕，或者转为非粮食作物生产，不利于后期粮食生产。这些农业生产经营风险都可能导致粮食减产。

（三）农村土地资源风险影响粮食产量

农村土地流转后集约化生产的特点决定了农膜、农药、化肥的大量施用，这会加剧土地酸化、盐碱化等问题，使土地质量下降。同时有的工商企业出于经济利益的考虑，私自改变农地用途，将其改为建设用地，令耕地面积削减，从而导致粮食单产下降，影响粮食产量。

（四）农业灾害风险影响粮食产量

病虫害或极端气候等自然灾害同样是农村土地流转的重大风险。农村土地流转受让方多是集约化经营，一旦发生旱灾、涝灾、冻灾、病虫害，这会给他们带来不可估计的经济损失。对于抗风险能力弱的承包主体，生产恢复变得难上加难。农业灾害风险不但会直接致使粮食减产，还会间接的影响粮食生产后劲。

（五）农业保险保障影响粮食生产

尽管已经陆续开发出了应对农村土地流转风险的土地履约保证保险，但还在试点阶段，保障范围仅限于流转过程中的违约责任，且农户保险意识不强，同时还存在农业财政补贴跟不上，保险公司不愿保的情况。针对粮食生产方面的保险大多承担的是物化风险，但覆盖面积较小，保障范围不足。关于农村土地流转的粮食生产风险相关的农业保险保障不完善，这令承包方继续生产的信心不足，挫伤种粮积极性从而影响粮食生产。

二、变量选择

关于国家粮食安全指标，本书依据联合国粮农组织（FAO）提出的基本标准并结合研究实际，采用粮食产量指标来衡量粮食安全，并选取这个指标作为被解释变量 Y。为了验证上述猜想，围绕农村土地流转风险对粮食生产安全影响的主要因素进行分析，在前文分析的基础上，确定了 9 个国内常用的指标作为解释变量。其中，土地流转纠纷总数（件）X_1 用来分析土地流转矛盾，以此探究社会稳定分析是否影响粮食生产；用非农经营劳动力（万人）X_2、流转非粮种植面积（万亩）X_3 反映农业经营风险；反映农地资源风险的相关指标是农用化肥施用量（万吨）X_4、农药使用量（吨）X_5 及家庭承包耕地流转总面积（万亩）X_6；而农业成灾面积（万亩）X_7 是用来反映农业自然灾害风险的影响因素；农业保险保费（百万元）X_8、农业财政投入（亿元）X_9 用来衡量农业保险保障对农地流转的粮食安全影响程度。

（一）数据来源

应用逐步回归模型对农村土地流转风险作用对粮食生产的安全效应进行分析，必须要确定合适的样本。本书以中国 29 个省（区、市）2019—2023 年的面板数据作为研究样本，其中不包括西藏、海南及港澳台地区（其中西藏自治区和海南环境气候不适合种植小麦）。各地区粮食产量、国家对于农业财政补贴投入的数据来自《中国统计年鉴》，各地区的农地流转纠纷数、流转用于种植非粮作物面积、农村从事非农行业劳动力、流转耕地面积的数据均来源于《中国农村经营管理统计年报》，化肥、农药使用量的数据来自《中国农村统计年鉴》，各地区的农业保险保费的数据则来自《中国保险年鉴》。

（二）描述性统计分析

描述性分析通过平均值或中位数描述数据的整体情况。从表 5.7 可以看出，土地流转纠纷数（件）X_1、流转非粮种植面积（万亩）X_3、农用化肥施用量（万吨）X_4、家庭承包耕地流转总面积（万亩）X_6、农业成灾面积（万亩）X_7、农业保险保费（百万元）X_8这6项的最大值超过平均值3个标准差（说明数据波动较大，相对平均值，使用中位数描述整体水平更适合）；土地流转纠纷数（件）X_1、流转非粮种植面积（万亩）X_3、农用化肥施用量（万吨）X_4、家庭承包耕地流转总面积（万亩）X_6、农业成灾面积（万亩 X_7、农业保险保费（百万元）X_8这6项数据的最值（最小／最大值）超过平均值3个标准差。

表5.7 描述性统计

名称	样本量	最小值	最大值	平均值	标准差	中位数
Y	150	28.800	7 503.000	2 159.383	1 787.519	1 523.050
X_1	150	50.000	28 748.000	4 019.633	4 627.385	2 574.000
X_2	150	128.700	3 556.480	1 212.047	902.978	1 111.650
X_3	150	22.840	28 741.680	942.460	2 334.578	761.215
X_4	150	6.200	716.100	192.636	146.111	222.750
X_5	150	9.900	148 640	42 428.443	40 906.169	32 873.500
X_6	150	27.380	28 979.6	1 873.56	2 662.086	1 336.235
X_7	150	0.000	3 995.550	562.657	668.205	365.175
X_8	150	208.030	9 873.110	1 644.118	1 367.178	1 173.275
X_9	150	156.080	1 310.890	623.443	255.795	622.315

（三） 数据标准化处理

由于不同变量常具有不同的单位和不同的变异程度，不同单位常使系数的实践解释变得困难，为了消除量纲影响以及变量自身变异大小和数值大小的影响，故需要对数据进行标准化处理。目前常见的无量纲化处理方法主要有最小-最大标准化、Z-score 标准化和按小数定标标准化等处理方法，而最常使用的是 Z-score 标准化方法，也是 SPSS 默认的标准化方法。Z-Score 的主要目的就是将不同量级的数据统一转化为同一个量级，统一用计算出的 Z-Score 值衡量，以保证数据之间的可比性。本书所采取的变量单位皆不一致，所以用 SPSS 工具对数据进行标准化处理，标准化处理后的数据能更加真实地反映情况。

第四节　模型构建

一、方法选取

影响粮食产量的农村土地流转风险因子较多，并不是单一的，本书选用逐步回归方法对该过程进行具体分析，更具实用意义和参考价值。逐步回归方法是一种自变量选择的线性回归模型方法，基本原理是将变量逐个逐个的引入，引入的前提是它的偏回归平方和经验明显是显著的。重新引入一个新的变量之后，对已经选入回归模型的老变量一个一个进行检验，删除通过检验不显著的变量，以保证得到的自变量子集中的每一个变量皆是显著的。此过程循环反复，直到不能够再引入新的变量时结束。那么，此时的回归模型中所有变量对因变量都是显著的。

二、构建模型

为了研究农村土地流转风险对粮食安全的影响，分别从社会稳定风险、农业经营风险、农地资源风险、农业灾害风险和农业保险保障五个维度来衡量对粮食产量的影响。

第一步：对 n 个回归自变量 $X_1 X_2 \cdots X_n$ 分别同因变量 Y 建立一元回归模型 $Y = \beta_0 + \beta_i X_i + \varepsilon$，$i = 1, 2, \cdots, n(n = 9)$，计算自变量 X_n，相应的回归系数的 F 检验统计量的值，记为 $F_1^{(1)} \cdots F_9^{(1)}$，取其中的最大值 $F_{i1}^{(1)}$，即 $F_{i1}^{(1)} = \max (F_1^{(1)} \cdots F_9^{(1)})$，对给定的显著性水平 α，记相应的临界值为 $F^{(1)}$ 则将 $F_{i1}^{(1)} \geq F^{(1)}$，则将 X_{i1} 引入回归模型，记 I_1 为选入变量指标集合。

第二步：建立自变量子集 $\{X_{i1} X_1\} \cdots \{X_{i1} X_n\}$ 与

因变量 Y 的二元回归模型，共有 $n-1$ 个。再计算变量的回归系数 F 检验的统计量值，记为 $F_k^{(2)}$，挑选其中最大值，记为 $F_{i2}^{(2)}$，对应自变量脚标记为 i_2，公式为：$F_{i2}^{(2)} = \max$ ($F_1^{(2)} \cdots F_n^{(2)}$)。对给定的显著性水平 α，记相应的临界值为 $F^{(2)}$ $F_{i2}^{(1)} \geqslant F^{(2)}$，则变量 X_{i2} 引入回归模型。相反，结束变量引入过程。

第三步：考虑因变量对变量子集 $\{X_{i1}, X_{i2} \cdots X_k\}$ 的回归，重复第二步骤。依此方法重复进行，每次从未引入回归模型的自变量中选取一个，一直到经检验没有新变量引入为止。

第五节　回归结果及分析

农村土地流转风险对粮食安全影响总体回归结果如表5.8 所示。

表 5.8 农村土地流转风险对粮食安全影响总体回归结果

	非标准化系数		标准化系数	t	p	VIF	R^2	调整 R^2	F
	B	标准误	Beta						
常数	0	0.024	–	0	1	–			
X_3	-1.154	0.074	-1.154	-15.496	0.000 **	9.704			F(6, 143)= 267.600, p=0.000
X_4	0.426	0.034	0.426	12.422	0.000 **	2.054			
X_6	1.277	0.081	1.277	15.783	0.000 **	11.448	0.918	0.915	
X_7	-0.102	0.033	-0.102	-3.104	0.002 **	1.88			
X_8	0.082	0.039	0.082	2.089	0.038 *	2.694			
X_9	0.143	0.036	0.143	3.934	0.000 **	2.315			
* $p<0.05$ ** $p<0.01$ D-W 值:1.698									

将土地流转纠纷数（件）X_1、非农经营劳动力（万人）X_2、流转非粮种植面积（万亩）X_3、农用化肥施用量（万吨）X_4、农药使用量（吨）X_5、家庭承包耕地流转总面积（万亩）X_6、农业成灾面积（万亩）X_7、农业保险保费（百万元）X_8、农业财政投入（亿元）X_9作为自变量，而将 Y：粮食产量（万吨）作为因变量进行逐步回归分析。经过模型自动识别，最终余下 X_3 X_4 X_6 X_7 X_8 X_9 一共 6 项在模型中。

模型公式为：$Y = -000 - 1.154X_3 + 0.426X_4 + 1.277X_6 - 0.102X_7 + 0.082X_8 + 0.143X_9$，$R^2 = 0.918$

意味着流转非粮种植面积（万亩）X_3，农用化肥施用量（万吨）X_4，家庭承包耕地流转总面积（万亩）X_6，农业成灾面积（万亩）X_7，农业保险保费（百万元）X_8，农业财政投入（亿元）X_9可以解释 Y：粮食产量（万吨）的91.8%的变化原因。

而且模型通过 F 检验（$F = 267.600$，$p = 0.000 < 0.05$），说明模型有效。另外，针对模型的多重共线性进行检验发现，模型中 VIF 值出现大于 10，意味着存在着共线性问题，建议检查相关关系紧密的自变量，剔除掉相关关系紧密的自变量后，重新进行分析。

最终具体分析可知：X_3 的回归系数 -1.154（$t = -15.496$，$p = 0.000 < 0.01$），意味着流转非粮种植面积会对粮食产量产生显著的负向影响关系。X_4 的回归系数值为 0.426（$t = 12.422$，$p = 0.000 < 0.01$），意味着农用化肥施用量会对粮食产量产生显著的正向影响关系。X_6 的回归系数值为 1.277（$t = 15.783$，$p = 0.000 < 0.01$），意味着家庭承包耕地流转总面积会对粮食产量产生显著的正向影响关系。X_7 的回归系数值为 -0.102（$t = -3.104$，$p = 0.002 < 0.01$），意味着农业成灾面积 X_7 会对粮食产量产生显著的负向影响关系。X_8 的回归系数值为 0.082（$t = 2.089$，$p = 0.038 < 0.05$），意味着农业保险保费会对粮食产量产生显著的正向影响关系。X_9 的回归系数值为 0.143（$t = 3.934$，$p = 0.000 < 0.01$），意味着农业财政投入会对粮食产量产生

显著的正向影响关系。

总结分析可知：反映社会稳定风险的指标土地流转纠纷率与粮食产量的相关性不大，但是社会风险对粮食安全的影响不容小觑。农业经营风险的指标，流转非粮种植面积显著影响粮食产量，与粮食产量高度相关，且成负相关，说明土地流转后用于种植非粮食作物面积比例越多，粮食产量越低。农村土地流转给种粮大户、专业合作社和社会工商企业后，大多都是规模化生产，而农村劳动力跟不上，粮食生产动力不足，不得不出于逐利目的大量种植经济作物，自然而然会降低粮食单产。

反映农地资源风险的农用化肥施用量与家庭承包耕地流转总面积对粮食产量有很大影响，且与粮食产量成正相关，这说明化肥的合理使用和流转耕地面积的增加可以增加粮食产量。农村土地流转的特点决定了生产的集约化，生产中势必会大量使用化肥农药，一旦超标滥用，会造成土壤酸化、盐碱化从而导致生物多样化减少、土壤贫瘠等问题，长此以往，会令农地质量下降，威胁粮食生产安全。

农业成灾面积与粮食产量成负相关，这说明农业自然灾害风险很大程度上会降低粮食产量。流转受让方都是大规模进行生产经营，种植粮食的农田面积大、投入多，而抗风险能力不足，一旦遇上极端气候或者病虫害，将使他们遭受巨大的经济损失甚至是精神损失。而目前我国农业生产基础设施总体不够完善，灾后恢复重建变得举步维艰，严重打击流转受让经营者的种粮信心，从而影响粮食产量。

农业保险保费、财政投入与粮食产量呈正相关，说明流转经营过程中，农业保险参保越多，粮食产量越高。农业规模经营者有了农业保险和国家财政补贴这个后盾，就可以放心生产粮食。从长远来看，农地流转规模化粮食生产的风险还是应该充分发挥农业保险功能。

第六章

结论

本书深入探讨了农业保险在保障农产品供给安全方面的重要作用。农业保险作为农业风险管理的重要工具，对于维护农业生产的稳定性、保障农民的经济利益以及确保农产品的稳定供应从而保障国民经济稳定运行具有不可或缺的作用。

首先，农业保险通过提供经济补偿机制，帮助农民减少自然灾害（如干旱、洪水、病虫害等）和市场风险（如价格波动）导致的经济损失。这种经济安全网使农民能够在灾害发生后迅速恢复生产，减少农业生产中断的时间，从而维持农产品供给的连续性和稳定性。

其次，农业保险可以激励农民增加农业投入和采用先进的农业技术。受到保险保护的农民更有可能投资于改良种子、高效灌溉系统和其他提高生产效率的技术，这不仅能提高农业生产的效率和产量，而且有助于提高农产品的质量，满足市场对高质量农产品的需求。

最后，农业保险对促进农业可持续发展具有积极作用。农业保险能引导农民采用环保的农业生产方式，减少对自然资源的过度开发，有助于保护生态环境，实现农业生产与自然资源保护和谐共生。

然而，尽管农业保险在保障农产品供给安全方面发挥着重要作用，但在实际操作中，如保险产品的设计优化、保险覆盖范围的扩大、赔付流程的合理化以及农民保险意识的提高等过程中仍会面临一些挑战。为了克服这些挑战，需要政府、保险公司、农业科研机构和农民共同努力，通过制定合理的政策、提供定制化的保险产品、简化赔付流程和加强农业保险宣传教育，进一步完善农业保险体系，提高农业保险在保障农产品供给安全方面的效能。

　　总之，农业保险是保障农产品供给安全的重要支柱，对于促进农业的可持续发展、保障农民的经济利益以及维护经济与社会稳定具有重要意义。未来，随着农业保险体系的不断完善，农业保险在保障农产品供给安全方面的作用将进一步增强。

参考文献

[1] 曹金锁. 政策性农业保险对粮食产量的影响及优化 [D]. 滁州：安徽科技学院，2019.

[2] 陈俊聪，王怀明，汤颖梅. 气候变化、农业保险与中国粮食安全 [J]. 农村经济，2016（12）：9-15.

[3] 邓国清. 中国粮食供给侧结构性改革研究 [D]. 武汉：武汉大学，2018.

[4] 冯静. 吉林省粮食生产效率研究 [D]. 长春：吉林农业大学，2016.

[5] 黑龙江保监局成立农业保险工作领导小组 [C] //黑龙江保险 2013 年第 3 期（总第 164 期），2013：11.

[6] 黄晓丽，吴连翠，沈林凯. 浙江省种粮大户政策性农业保险需求意愿的影响因素研究 [J]. 农村经济与科

技，2019，30（22）：171-175.

［7］江生忠，朱文冲.农业保险有助于保障国家粮食安全吗？［J］.保险研究，2021（10）：3-17.

［8］李佳明.河北省主要粮食供给侧结构调整研究［D］.石家庄：河北经贸大学，2021.

［9］李金波，张秀青，姚蔚.农业保险改革与粮食生产支持保护机制研究［J］.全球化，2021（6）：112-124，136.

［10］李琴英，陈芮格.农业保险高质量发展水平评价指标体系构建与测度：以13个粮食生产核心区为例［J］.金融理论与实践，2021（5）：12-19.

［11］李莎.中央财政为农业生产撑起"保护伞"主粮保险试点扩围至13个粮食主产省［N］.21世纪经济报道，2021-07-08（06）.

［12］李新滢.基于粮食安全视角的农产品收入保险研究［D］.长沙：湖南农业大学，2019.

［13］李忠峰，朱彬彬.为种粮农民遮风挡雨 为粮食生产保驾护航［N］.中国财经报，2021-09-16（02）.

［14］刘培生.我国粮食补贴政策的绩效研究［D］.昆明：云南大学，2015.

［15］彭澧丽，龙方.中国粮食生产政策对粮食生产影响的经济学分析［J］.粮食科技与经济，2014，39

（1）：5-8.

［16］彭澧丽.中国粮食生产政策对粮食生产的影响［D］.长沙：湖南农业大学，2014.

［17］齐盛.河南省粮食核心区建设的农业保险问题探析［J］.现代经济信息，2013（8）：221-222.

［18］宋春晓.气候变化背景下农户粮食生产适应性行为研究［D］.郑州：河南农业大学，2018.

［19］唐金成，张伟.保险业支持中国粮食安全战略实施创新研究［J］.西南金融，2022（6）：57-69.

［20］王磊.我国粮食主产区利益补偿法律问题研究［D］.武汉：华中农业大学，2016.

［21］王燕.保障我国粮食安全的金融支持体系研究［D］.长春：吉林财经大学，2020.

［22］吴建寨，李志强，王东杰.中国粮食生产政策体系现状及完善建议［J］.农业展望，2013，9（2）：33-37.

［23］徐斌，孙蓉.粮食安全背景下农业保险对农户生产行为的影响效应：基于粮食主产区微观数据的实证研究［J］.财经科学，2016（6）：97-111.

［24］袁祥州.中国粮农风险管理与收入保险制度研究［D］.武汉：华中农业大学，2016.

［25］张宁.农户粮食生产规模经营意愿分析［D］.长春：吉林农业大学，2015.

［26］赵和楠. 中国粮食安全的财政保障政策研究［D］. 中南财经政法大学, 2018.

［27］郑娜娜, 赵元凤. 政策性农业保险对内蒙古粮食生产的影响［J］. 北方农业学报, 2017, 45（4）: 127-130.

［28］郑娜娜. 政策性农业保险对内蒙古粮食生产的影响研究［D］. 呼和浩特: 内蒙古农业大学, 2017.

［29］郑娜娜. 政策性农业保险对稳定粮食生产的作用研究［J］. 经贸实践, 2016（18）: 60.

［30］HAZELL P B R. The appropriate role of agricultural insurance in developing countries［J］. Journal of International Development, 1992, 4（6）: 567-581.

［31］JOSEPH W. GLAUBER, KEITH J. COLLINS. Crop insurance, disaster assistance, and the role of the federal government in Providing Catastrophic Risk Protection［J］. Agricultural Finance Review, 2001: 82-103.

［32］KALAVAKONDA V, MAHUL O. Crop insurance in Karnataka［J］. World Bank Policy Research Working Paper, 2005: 36-54.

［33］KNIGHT T O, COBLE K H. Survey of US multiple peril crop insurance literature since 1980［J］. Review of Agricultural Economics, 1997, 19（1）: 128-156.

[34] MILTON BOYD, JEFFREY PAI , CINDY YI, et al. Grop Insurance: Experience from Canada [J]. Draft, 2007.

[35] MIRANDA M J, GLAUBER J W. Systemic risk, reinsurance, and the failure of crop insurance markets [J]. American Journal of Agricultural Economics, 1997, 79 (1): 206-215.

[36] MIRANDA M, VEDENOV D V. Innovations in agricultural and natural disaster insurance [J]. American Journal of Agricultural Economics, 2001, 83 (3): 650-655.

[37] NELSON C H, LOEHMAN E T. Further toward a theory of agricultural insurance [J]. American Journal of Agricultural Economics, 1987, 69 (3): 523-531.

[38] SAMUELSON P A. The pure theory of public expenditure [J]. The review of economics and statistics, 1954: 387-389.

[39] SKEES, JERRY R. Agricultural Insurance Programs: Challenges and lessons learned, workshop on income risk management. session4: from risk—pooling to safety [J]. Nets: Insurance Systems OECD, 2000: 15-16.

[40] WRIGHT, HEWITT. All risk crop insurance, California Agricultural Experiment Station [J]. Berkeley, 1990.

附录

农业保险条例

（2012 年 11 月 12 日中华人民共和国国务院令第 629 号公布　根据 2016 年 2 月 6 日《国务院关于修改部分行政法规的决定》修订）

第一章　总则

第一条　为了规范农业保险活动，保护农业保险活动当事人的合法权益，提高农业生产抗风险能力，促进农业保险事业健康发展，根据《中华人民共和国保险法》、《中华人民共和国农业法》等法律，制定本条例。

第二条　本条例所称农业保险，是指保险机构根据农业保险合同，对被保险人在种植业、林业、畜牧业和渔业生产中因保险标的遭受约定的自然灾害、意外事故、疫病、疾病等保险事故所造成的财产损失，承担赔偿保险金责任的保险活动。

本条例所称保险机构，是指保险公司以及依法设立的农业互助保险等保险组织。

第三条　国家支持发展多种形式的农业保险，健全政策性农业保险制度。

农业保险实行政府引导、市场运作、自主自愿和协同推进的原则。

省、自治区、直辖市人民政府可以确定适合本地区实际的农业保险经营模式。

任何单位和个人不得利用行政权力、职务或者职业便利以及其他方式强迫、限制农民或者农业生产经营组织参加农业保险。

第四条　国务院保险监督管理机构对农业保险业务实施监督管理。国务院财政、农业、林业、发展改革、税务、民政等有关部门按照各自的职责，负责农业保险推进、管理的相关工作。

财政、保险监督管理、国土资源、农业、林业、气象等有关部门、机构应当建立农业保险相关信息的共享机制。

第五条　县级以上地方人民政府统一领导、组织、协调本行政区域的农业保险工作，建立健全推进农业保险发展的工作机制。县级以上地方人民政府有关部门按照本级人民政府规定的职责，负责本行政区域农业保险推进、管理的相关工作。

第六条　国务院有关部门、机构和地方各级人民政府及其有关部门应当采取多种形式，加强对农业保险的宣传，提高农民和农业生产经营组织的保险意识，组织引导农民和农业生产经营组织积极参加农业保险。

第七条　农民或者农业生产经营组织投保的农业保险标的属于财政给予保险费补贴范围的，由财政部门按照规定给予保险费补贴，具体办法由国务院财政部门商国务院农业、林业主管部门和保险监督管理机构制定。

国家鼓励地方人民政府采取由地方财政给予保险费补贴等措施，支持发展农业保险。

第八条　国家建立财政支持的农业保险大灾风险分散机制，具体办法由国务院财政部门会同国务院有关部门制定。

国家鼓励地方人民政府建立地方财政支持的农业保险大灾风险分散机制。

第九条　保险机构经营农业保险业务依法享受税收优惠。

国家支持保险机构建立适应农业保险业务发展需要的

基层服务体系。

国家鼓励金融机构对投保农业保险的农民和农业生产经营组织加大信贷支持力度。

第二章　农业保险合同

第十条　农业保险可以由农民、农业生产经营组织自行投保，也可以由农业生产经营组织、村民委员会等单位组织农民投保。

由农业生产经营组织、村民委员会等单位组织农民投保的，保险机构应当在订立农业保险合同时，制定投保清单，详细列明被保险人的投保信息，并由被保险人签字确认。保险机构应当将承保情况予以公示。

第十一条　在农业保险合同有效期内，合同当事人不得因保险标的的危险程度发生变化增加保险费或者解除农业保险合同。

第十二条　保险机构接到发生保险事故的通知后，应当及时进行现场查勘，会同被保险人核定保险标的的受损情况。由农业生产经营组织、村民委员会等单位组织农民投保的，保险机构应当将查勘定损结果予以公示。

保险机构按照农业保险合同约定，可以采取抽样方式或者其他方式核定保险标的的损失程度。采用抽样方式核定损失程度的，应当符合有关部门规定的抽样技术规范。

第十三条　法律、行政法规对受损的农业保险标的的处理有规定的，理赔时应当取得受损保险标的已依法处理的证据或者证明材料。

保险机构不得主张对受损的保险标的残余价值的权利，农业保险合同另有约定的除外。

第十四条　保险机构应当在与被保险人达成赔偿协议后 10 日内，将应赔偿的保险金支付给被保险人。农业保险合同对赔偿保险金的期限有约定的，保险机构应当按照约定履行赔偿保险金义务。

第十五条　保险机构应当按照农业保险合同约定，根据核定的保险标的的损失程度足额支付应赔偿的保险金。

任何单位和个人不得非法干预保险机构履行赔偿保险金的义务，不得限制被保险人取得保险金的权利。

农业生产经营组织、村民委员会等单位组织农民投保的，理赔清单应当由被保险人签字确认，保险机构应当将理赔结果予以公示。

第十六条　本条例对农业保险合同未作规定的，参照适用《中华人民共和国保险法》中保险合同的有关规定。

第三章　经营规则

第十七条　保险机构经营农业保险业务，应当符合下列条件：

（一）有完善的基层服务网络；

（二）有专门的农业保险经营部门并配备相应的专业人员；

（三）有完善的农业保险内控制度；

（四）有稳健的农业再保险和大灾风险安排以及风险应对预案；

（五）偿付能力符合国务院保险监督管理机构的规定；

（六）国务院保险监督管理机构规定的其他条件。

除保险机构外，任何单位和个人不得经营农业保险业务。

第十八条　保险机构经营农业保险业务，实行自主经营、自负盈亏。

保险机构经营农业保险业务，应当与其他保险业务分开管理，单独核算损益。

第十九条　保险机构应当公平、合理地拟订农业保险条款和保险费率。属于财政给予保险费补贴的险种的保险条款和保险费率，保险机构应当在充分听取省、自治区、直辖市人民政府财政、农业、林业部门和农民代表意见的基础上拟订。

农业保险条款和保险费率应当依法报保险监督管理机构审批或者备案。

第二十条　保险机构经营农业保险业务的准备金评估

和偿付能力报告的编制，应当符合国务院保险监督管理机构的规定。

农业保险业务的财务管理和会计核算需要采取特殊原则和方法的，由国务院财政部门制定具体办法。

第二十一条　保险机构可以委托基层农业技术推广等机构协助办理农业保险业务。保险机构应当与被委托协助办理农业保险业务的机构签订书面合同，明确双方权利义务，约定费用支付，并对协助办理农业保险业务的机构进行业务指导。

第二十二条　保险机构应当按照国务院保险监督管理机构的规定妥善保存农业保险查勘定损的原始资料。

禁止任何单位和个人涂改、伪造、隐匿或者违反规定销毁查勘定损的原始资料。

第二十三条　保险费补贴的取得和使用，应当遵守依照本条例第七条制定的具体办法的规定。

禁止以下列方式或者其他任何方式骗取农业保险的保险费补贴：

（一）虚构或者虚增保险标的或者以同一保险标的进行多次投保；

（二）以虚假理赔、虚列费用、虚假退保或者截留、挪用保险金、挪用经营费用等方式冲销投保人应缴的保险费或者财政给予的保险费补贴。

第二十四条　禁止任何单位和个人挪用、截留、侵占保险机构应当赔偿被保险人的保险金。

第二十五条　本条例对农业保险经营规则未作规定的，适用《中华人民共和国保险法》中保险经营规则及监督管理的有关规定。

第四章　法律责任

第二十六条　保险机构不符合本条例第十七条第一款规定条件经营农业保险业务的，由保险监督管理机构责令限期改正，停止接受新业务；逾期不改正或者造成严重后果的，处10万元以上50万元以下的罚款，可以责令停业整顿或者吊销经营保险业务许可证。

保险机构以外的其他组织或者个人非法经营农业保险业务的，由保险监督管理机构予以取缔，没收违法所得，并处违法所得1倍以上5倍以下的罚款；没有违法所得或者违法所得不足20万元的，处20万元以上100万元以下的罚款。

第二十七条　保险机构经营农业保险业务，有下列行为之一的，由保险监督管理机构责令改正，处10万元以上50万元以下的罚款；情节严重的，可以限制其业务范围、责令停止接受新业务：

（一）编制或者提供虚假的报告、报表、文件、资料；

（二）拒绝或者妨碍依法监督检查；

（三）未按照规定使用经批准或者备案的农业保险条款、保险费率。

第二十八条　保险机构经营农业保险业务，违反本条例规定，有下列行为之一的，由保险监督管理机构责令改正，处5万元以上30万元以下的罚款；情节严重的，可以限制其业务范围、责令停止接受新业务：

（一）未按照规定将农业保险业务与其他保险业务分开管理，单独核算损益；

（二）利用开展农业保险业务为其他机构或者个人牟取不正当利益；

（三）未按照规定申请批准农业保险条款、保险费率。

保险机构经营农业保险业务，未按照规定报送农业保险条款、保险费率备案的，由保险监督管理机构责令限期改正；逾期不改正的，处1万元以上10万元以下的罚款。

第二十九条　保险机构违反本条例规定，保险监督管理机构除依照本条例的规定给予处罚外，对其直接负责的主管人员和其他直接责任人员给予警告，并处1万元以上10万元以下的罚款；情节严重的，对取得任职资格或者从业资格的人员撤销其相应资格。

第三十条　违反本条例第二十三条规定，骗取保险费补贴的，由财政部门依照《财政违法行为处罚处分条例》

的有关规定予以处理；构成犯罪的，依法追究刑事责任。

违反本条例第二十四条规定，挪用、截留、侵占保险金的，由有关部门依法处理；构成犯罪的，依法追究刑事责任。

第三十一条　保险机构违反本条例规定的法律责任，本条例未作规定的，适用《中华人民共和国保险法》的有关规定。

第五章　附则

第三十二条　保险机构经营有政策支持的涉农保险，参照适用本条例有关规定。

涉农保险是指农业保险以外、为农民在农业生产生活中提供保险保障的保险，包括农房、农机具、渔船等财产保险，涉及农民的生命和身体等方面的短期意外伤害保险。

第三十三条　本条例自 2013 年 3 月 1 日起施行。